Dagmar Ziegler-Vowinckel · Der Bobtail

W0179190

Herausgegeben unter dem Patronat
des Verbandes für das Deutsche
Hundewesen e.V., 4600 Dortmund

Dagmar Ziegler-Vowinckel

Der Bobtail

Old English Sheepdog
Praktische Ratschläge für Haltung,
Pflege und Erziehung

6. Auflage
Mit 52 Abbildungen, davon 5 farbig

Verlag Paul Parey · Hamburg und Berlin

Die Kapitel „Ernährung" und „Gesundheit" wurden
von Dr. med. vet. Peter Brehm verfaßt.

Weitere Bände in der Reihe „Dein Hund"

Der Afghane · Airedaleterrier · Der Basset · Der Beagle · Bearded Collie · Berner Sennenhunde · Bernhardiner · Bouvier des Flandres · Der Boxer · Der Bullterrier · Der Cairn Terrier · Der Chihuahua · Der Chow-Chow · Collie und Sheltie · Der Dackel · Der Dalmatiner · Der Dobermann · Die Dogge · Der Foxterrier · Golden und Labrador Retriever · Greyhound · Große Münsterländer · Der Hovawart · Der Kromfohrländer · Der Leonberger · Mischlingshunde · Der Mops · Neufundländer · Der Pekingese · Pinscher und Schnauzer · Der Pudel · Der Riesenschnauzer · Der Rottweiler · Der Deutsche Schäferhund · Schlittenhunde · Setter und Pointer · Der Shih-Tzu · Der Spaniel · Der Spitz · Die Terrier · Ungarische Hirtenhunde · West Highland White Terrier · Der Yorkshire Terrier · Dienst- und Gebrauchshunde · Dein Hund auf Ausstellungen · Dein Hund im Recht

CIP-Kurztitelaufnahme der Deutschen Bibliothek

Ziegler-Vowinckel, Dagmar:
Der Bobtail : Old English Sheepdog; praktische Ratschläge für
Haltung, Pflege und Erziehung / Dagmar Ziegler-Vowinckel.
[Die Kap. „Ernährung" und „Gesundheit" wurden von Peter
Brehm verf.]. - 6. Aufl., 34. - 49. Tsd. - Hamburg ; Berlin :
Parey, 1992
(Dein Hund)
ISBN 3-490-30212-5
NE: Ziegler-Vowinckel, Dagmar

1.– 7. Tausend 1979
8.–12. Tausend 1982 (Neubearbeitung)
13.–19. Tausend 1984 (Neubearbeitung)
20.–23. Tausend 1986
24.–33. Tausend 1989 (Neubearbeitung)
34.–49. Tausend 1992

© 1992 Verlag Paul Parey, Hamburg und Berlin
Anschriften: Spitalerstraße 12, D-2000 Hamburg 1; Seelbuschring 9–17, D-1000 Berlin 42
Umschlaggestaltung: Evelyn Fischer, Hamburg
Satz: Westholsteinische Verlagsdruckerei Boyens & Co., Heide/Holst.
Druck: Druck- + Verlagshaus Wienand, Köln
Printed in Germany
ISBN 3-490-30212-5

Vorwort

Dieses Buch wurde geschrieben, um allen denen, die sich den Bobtail als Freund und Kameraden ausgesucht haben, zu helfen, ihren Hund gut zu pflegen und zu erziehen. Es ist als Ratgeber gedacht, der Fehler vermeiden helfen soll.

Die zahlreichen Nachfragen nach einem Bobtail und einem entsprechenden Buch haben gezeigt, daß unsere Rasse in den Blickpunkt des Interesses gerät. Da ich aus Erfahrung weiß, wie schwer es ist, ohne jegliche Anleitung den Bobtail so zu pflegen, daß sein attraktives Äußeres voll zur Geltung kommt, hoffe ich, mit meinen Tips über Aufzucht, Haltung, Pflege und Erziehung einen Leitfaden zu geben zum Wohle und Nutzen dieses Hundes und einem glücklichen, ungetrübten Zusammenleben mit Ihrem neuen Familienmitglied, dem Bobtail.

Nichts würde mich mehr freuen, als wenn ich dies hiermit erreichte. Und dies scheint der Fall zu sein, wie der baldige Verkauf der 5. Auflage zeigte. Nach den sich zeitbedingt ergebenden Aktualisierungen kann ansonsten das Buch unverändert hier als 6. Auflage vorgelegt werden.

Rimbach, im Frühjahr 1992   Dagmar Ziegler-Vowinckel

Inhalt

Unser Bobtail – der Old English Sheepdog

Historisches

Wie schon sein Name – Old English Sheepdog (O.E.S.) – sagt, ist der Bobtail eine alte englische Rasse. Dieser O.E.S. ist durch seine überreiche, zottige Behaarung und seinen bärenhaft wiegenden Paßgang eine auffällige Erscheinung. Wie alle Hunde, die ein so urtümliches Aussehen haben, handelt es sich bei ihm um eine alte Arbeitsrasse, an der die Züchter, seit er auf Ausstellungen gezeigt wird, manche Einzelheit verschönt haben. Immerhin ist bei ihm der ursprüngliche Typus besser erhalten geblieben als bei manch anderem Hirtenhund.

Über die Herkunft des Bobtails ist sehr wenig bekannt. Alle maßgebenden Autoren sprechen nur Vermutungen aus. Ähnlichkeiten mit

Ein typischer Bobtail: Onyx-Sweet Girl

9

dem russischen Owczarka, dem Puli, dem Komondor und dem Bearded Collie sind vorhanden, doch da diese alle Hirtenhunde sind, liegt die Vermutung nahe, daß die gleiche Beschäftigung den Typ geprägt hat.

Schon auf Bildern aus dem 15. Jahrhundert finden wir Hunde des frühen Typs, so auch bei Dürer, van Eyck, Gainsborough, datiert 1771, und dem Earl of Buccleuch. In den aus dem 16. Jahrhundert stammenden „Ellogues" erwähnt Michael Drayton den Hund „Whitefoot", der mit dem Stummelschwanz wedelt. Sogar Shakespeare gilt als Zeuge, da er in den „Lustigen Weibern von Windsor" die Hoffnung in vielen Dingen mit einem Hunde mit gekürztem Schwanz vergleicht. Sie waren zu dieser Zeit noch nicht so stark im Haar und auch etwas kleiner als unsere heutigen Bobtails.

Der Name Bobtail findet seinen Ursprung in der Sitte des 18. Jahrhunderts, arbeitenden Hunden den Schwanz zu kupieren (bobbed), um die Hundesteuer zu sparen.

Wesensmäßig nimmt die Rasse den Hundefreund gleich bei der ersten Begegnung herzlich für sich ein. Es ist vor allem wohl der einmalig schöne Blick seiner Augen: Verträumt und sanft schauen sie unter dem dichten Haarschleier hervor.

Doch sollte man sich von diesem ersten Eindruck nicht täuschen lassen und annehmen, daß der Bobtail etwa für den Einsatz als Gebrauchshund zu feinfühlig wäre. Vielmehr ist er seit langem als hervorragend und hart arbeitender Schäferhund bekannt. Dies sogar, wie die Berichte lauten, vielfach auf sich allein gestellt, ohne einen Hirten. Er legt beim Hüten eine außerordentliche Gewandtheit an den Tag; beispielsweise soll er behende über die Rücken der dicht an dicht gedrängten Tiere weglaufen, wenn er rasch an die Spitze der Herde gelangen will. Er eignet sich weniger für Schafherden, die eingestallt werden, um so besser aber zum Treiben über große Strecken. Erfahrene Schäfer bezeugen, daß man einem Bobtail zwei- bis dreihundert Schafe ganz allein anvertrauen kann; er übereilt sie nicht, sondern treibt sie behutsam und vorsichtig. Der Schäfer wünscht nicht, daß ein Hütehund unbesonnen heftig mitten in eine Herde hineinspringt, vielmehr muß er einen weiten Kreis um sie herum beschreiben und dann mit sanftem Nachdruck die blökenden „Schutzbefohlenen" an den bezeichneten Ort dirigieren. Das tut der Bobtail ohne besondere Abrichtung.

Wegen der zottigen Beschaffenheit und der Dichte des Haarkleides wird angenommen, daß er aus einem kalten Klima stammt. Die kurzen, kräftig gebauten Pfoten mit den dicken, harten Sohlen weisen auf eine gebirgige Heimat hin. Ein alter Kenner der Rasse, Mr. G. Phillips aus Glenvilet, glaubt daher, Schottland als ihr Ursprungsgebiet bezeichnen zu können, denn das hier lebende Hochland-Rindvieh wie auch die Pferde haben ebenfalls zottiges, rauhes und dichtes Haar und kurze stämmige Beine. Zwar läßt sich dagegen einwenden, daß der Bobtail zur Zeit des Berichtes dieses Gewährsmannes, nämlich vor etwa 70 Jahren, in Schottland verhältnismäßig selten anzutreffen war; doch erklärt er dies mit dem damaligen Rückgang der Schafzucht im großen Stil. Landwirte mit kleinen Herden setzten den Collie ein; wo hingegen Schafzucht in großem Umfang getrieben wurde, ergab sich stets, daß der Bobtail für diese Aufgabe besonders geeignet war. Er bringt für rauhes Klima die besten Voraussetzungen mit; er verträgt Kälte gut und scheint sich auch im Schneegestöber wohlzufühlen.

Tatsache ist, daß der Bobtail völlig unbeirrt seine Herde treibt und das etwa seinen Weg kreuzende Wild nicht verfolgt. Wenn plötzlich ein Hase neben ihm aufspringt, blickt er ihm einen Augenblick nach und geht dann ruhig weiter.

Die Leistungen in seinem Fach werden von allen Seiten gerühmt. Schon seit 1876 veranstaltet man in England Preistreiben für Schäferhunde, die die hervorragenden Fähigkeiten der Bobtails beweisen. Im genannten Jahr brachte ein Mr. R. J. L. Price einhundert wilde walisische Schafe in das für diesen Zweck abgesteckte Gelände. Die Herde wurde in einer Ecke eingepfercht, nur drei Schafe nahm man heraus und trieb sie auf ein großes offenes Feld. Von dort mußte der Prüfling sie in einen kleinen Pferch bringen. Der Schäfer durfte ihm dabei assistieren, jedoch die Schafe nicht berühren. Die Schwierigkeit der zu lösenden Aufgabe, heißt es, könnte nur der würdigen, der die ungemein scheuen walisischen Schafe kennt.

Die Bobtails erwiesen sich ihrer Aufgabe gewachsen: Manche legten sich vor die Schafe nieder, damit sie sich erst wieder beruhigten, standen dann auf, machten einige Schritte vorwärts und legten sich wieder hin. Dieses Manöver wiederholten sie mit unerschütterlicher Geduld so lange, bis sie ihre Schützlinge ganz allmählich dem Eingang der Hürde zugetrieben und sie, beinahe ohne daß sie es merkten, in den Pferch hineineskortiert hatten.

11

Zu diesen Prüfungen brachte jeder Bobtailbesitzer zehn von seinen eigenen Schafen mit, die alle zu einer großen Herde vereint wurden. Aus diesem Meer von wogenden, wolligen Leibern hatte dann jeder Bobtail die zehn seinem Herrn gehörenden Schafe auszusondern. Fast alle Hunde bestanden diese Prüfung. Als nächstes mußten sie ein einzelnes Schaf aus einer fremden Herde herausfinden, danach in einem unübersichtlichen, mit Unterholz bestandenen Gelände ein verlorenes Schaf suchen. Als letzte und schwerste Aufgabe mußten die Hunde jeweils die zehn eigenen Schafe ihres Meisters aus einem kleinen ersten Pferch durch die in dem anschließenden weiträumigeren zweiten Pferch sich befindende fremde Herde hindurch in einen dritten Pferch treiben. Durch beständiges Umkreisen hielt der Bobtail seine zehn Tiere dicht beieinander und geleitete sie so sicher durch die verstreut weidende große Herde hindurch dem Bestimmungsort zu. Wollte eines seiner Schafe ausbrechen, wurde es durch einen energischen Zugriff in einen Hinterlauf zur Räson gebracht.

Kenner betonen, daß die Abrichtung der Bobtails nicht schematisch nach bestimmten Regeln vorgenommen wird, vielmehr weckt und fördert man nur verständnisvoll ihre natürlichen Anlagen. Das übrige tut das Beispiel der erfahrenen alten Hunde, das sie vor Augen haben.

Da der Bobtail wie alle Hirtenhunde seit Jahrhunderten immer als nächster Freund und Gehilfe in der unmittelbaren Nähe des Menschen gelebt hat, steht seine Anpassungsfähigkeit auf einer besonders hohen Stufe. Seit eh und je ist er gewohnt, mit seinem Meister in enger Gemeinschaft zu arbeiten und zu leben. Folglich ist er ganz darauf eingestellt, ihm aufs Wort, ja, auf den kleinsten Wink zu folgen.

Charakter

Bobtails begreifen schnell und sind in der Lage, entsprechend einer unerwarteten Situation zu handeln, was – wie ich in diversen englischen Büchern nachlesen konnte – sich auch darin zeigte, daß sie ihren Herren das Leben retteten. Ein besonderer Wesenszug: Alles Hilfsbedürftige zu beschützen, ist ihm angeboren. Wir selbst konnten dies bei unserem Rüden *Mike* erleben:

Als Weihnachten meine Mutter – sie lebt in der Stadt – mit ihrer kleinen Yorkshire-Terrier-Hündin Buzi zu uns aufs Land kam, freundeten sich unsere drei „Großen" gleich mit dem kleinen Wesen an.

Kopfstudie der Bobtailhündin „Donna von St. Fridolin" (erste in der Schweiz gezüchtete Hündin, die den Titel eines Int. Champion errang)

Besonders Mike sah sich als Hauptbeschützer; er war immer gleich zur Stelle, wenn er fand, es sei etwas nicht in Ordnung. So kam der zweite Weihnachtstag, es war nachmittags gegen 16.30 h, als wir alle Hunde in den Garten ließen; und da passierte es: Die Kleine entdeckte einen Spalt unter dem Gartentor, und weg war sie! Alles Rufen nützte nichts. In den Wiesen war sie für uns kaum sichtbar, zumal die Dämmerung immer stärker wurde. Was also tun, da Buzi sich ja nicht auskannte und den Weg nach Hause sicher nicht fand? Kurz entschlossen setzten wir Mike auf die Spur mit dem Kommando: „Such die Buzi", und siehe da, nach kurzer Zeit hatte er die Kleine aufgestöbert und trieb sie, zuerst in großen Bögen, dann immer enger werdend, bis vor meine Füße. Dort legte er sie auf den Rücken, stupste seine dicke Nase auf ihren Bauch, und ich brauchte sie nur noch aufzuheben und ihrem hochbeglückten Frauchen zurückzugeben. Mike verdiente sich damit große Hochachtung und eine leckere Wurst. Wir aber waren

13

wirklich erstaunt über diese großartige Demonstration eines uralten Instinktes, hatte doch das Tier noch nie Gelegenheit gehabt, diese Fähigkeit unter Beweis zu stellen. Wie sehr doch dem Bobtail das Treiben und Hüten angeboren ist!

Es ist überraschend, wie genau die Schilderungen seines Charakters und Wesens aus alter Zeit mit denen seiner heutigen Halter übereinstimmen – als Haus- und Familienhund ist er genausogut zu halten wie als Treib- und Hütehund. Seine persönliche Liebenswürdigkeit – er kann auch sehr drollig sein –, sein angeborener Gehorsam, sein Hang, alles Junge und Hilflose zu betreuen, seine Unermüdlichkeit als Begleiter, seine Wachsamkeit, sein geduldiges Warten – diese und noch viele andere gute Eigenschaften machen ihn zu einem der angenehmsten vierbeinigen Kameraden.

Meine Hündin „Sue of Shepton" kann ich auf jeder internationalen Hundeausstellung auch mit großem Publikumsandrang und entsprechendem Tumult unangeleint in ihrer Box sitzen lassen. Den Wirrwarr um sich herum gelassen betrachtend, rührt sie sich nicht von der Stelle.

Standard

Allgemeine Erscheinung. Kräftiger, quadratischer Hund von großem Ebenmaß und Gesamtharmonie. Absolut frei von Hochläufigkeit, dicht behaart. Ein untersetzter, muskulöser, leistungsfähiger Hund mit einem sehr reaktionsstarken Ausdruck. Die natürliche Silhouette sollte nicht durch die Schere verändert werden.

Kennzeichen. Von großer Vitalität. Zeigt eine leicht steigende Rükkenlinie, birnenförmig, wenn von oben betrachtet. Der Gang hat ein typisches Rollen im Paß oder Schritt. Das Bellen ist von besonderer Tonqualität.

Wesen. Ein gehorsamer Hund mit ausgeglichenem Wesen. Mutig, treu und zuverlässig, überhaupt nicht nervös oder unbegründet aggressiv.

Kopf und Schädel. In Proportion zum Körper. Geräumiger, eher quadratischer Schädel. Über den Augen gut gewölbt, ausgesprochener Stop. Die starke, quadratische und stumpfe Schnauze mißt etwa die Hälfte der gesamten Kopflänge. Nase groß und schwarz mit weiten Öffnungen.

14 **Augen.** Gut auseinander stehend. Dunkel oder wall eyes (glasklares

Skelett

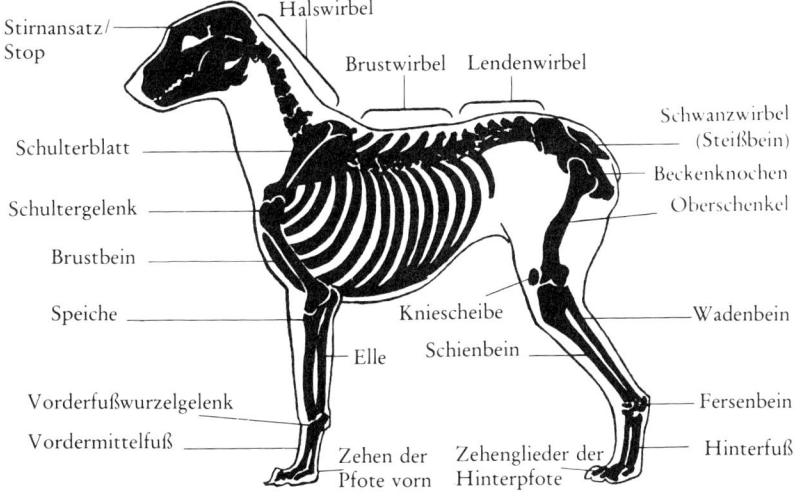

Stirnansatz/ Stop
Halswirbel
Brustwirbel
Lendenwirbel
Schwanzwirbel (Steißbein)
Schulterblatt
Beckenknochen
Schultergelenk
Oberschenkel
Brustbein
Speiche
Kniescheibe
Wadenbein
Elle
Schienbein
Vorderfußwurzelgelenk
Fersenbein
Vordermittelfuß
Zehen der Pfote vorn
Zehenglieder der Hinterpfote
Hinterfuß

Wichtige Punkte des Bobtails

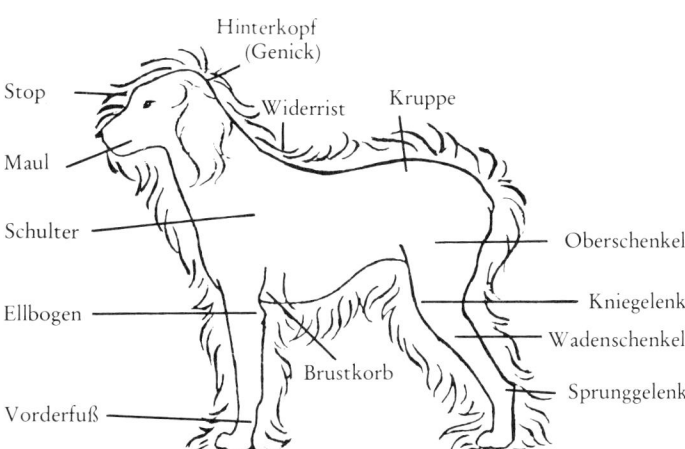

Hinterkopf (Genick)
Stop
Widerrist
Kruppe
Maul
Schulter
Oberschenkel
Ellbogen
Kniegelenk
Wadenschenkel
Brustkorb
Sprunggelenk
Vorderfuß

15

Auge infolge pigmentloser bzw. -armer Iris). Zwei blaue Augen annehmbar, helle Augen unerwünscht; Augenpigment bevorzugt.

Ohren. Klein und eng am Kopf anliegend.

Gebiß. Zähne stark, groß und gerade gestellt. Kiefer stark, mit einem perfekten, gleichmäßigen und kompletten Scherengebiß, d. h., obere Zähne überragen eng die unteren Zähne und stehen im rechten Winkel zum Kiefer. Zangengebiß toleriert, aber unerwünscht.

Hals. Ziemlich lang, stark und leicht gewölbt.

Vorderhand. Vorderbeine gerade, mit starken Knochen, die dem Hund einen sicheren Stand geben. Ellbogen eng am Brustkorb liegend. Schultern sollten gut zurückliegen und beim Widerrist schmäler als beim Schulterpunkt sein. Überladene Schultern unerwünscht. Der Hund steht beim Widerrist tiefer als bei der Kruppe.

Körper. Ziemlich kurz, kompakt, mit gut gewölbten Rippen und tiefem Brustkorb.

Hinterhand. Lende sehr kräftig, breit und leicht gewölbt. Oberschenkel gut gerundet und muskulös. Der Wadenschenkel ist lang und gut entwickelt, das Kniegelenk ausgeprägt und das Sprunggelenk tief angesetzt. Von hinten betrachtet, sollte das Sprunggelenk gerade sein, die Pfoten dürfen sich weder ein- noch auswärts drehen.

Pfoten. Klein, rund und fest, Zehen gut gewölbt, Ballen dick und hart. Afterkrallen sollten entfernt werden.

Schwanz. Gewöhnlich ganz kupiert.

Gang/Bewegung. Beim Gehen ein bärenähnliches Rollen von hinten betrachtet. Beim Trab bewegt er sich gerade vorwärts, ohne Mühe mit

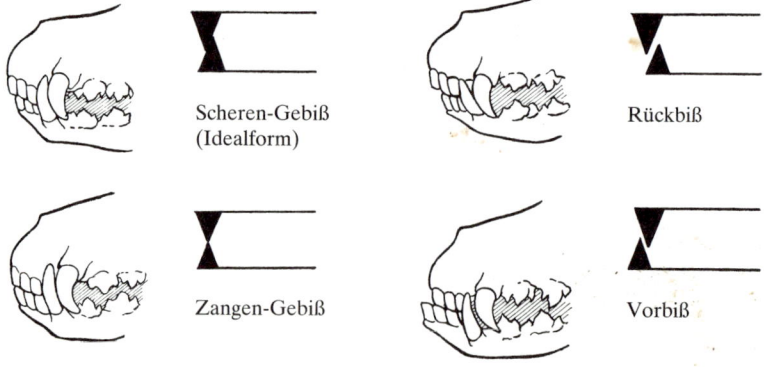

Scheren-Gebiß
(Idealform)

Rückbiß

Zangen-Gebiß

Vorbiß

16

Fehler

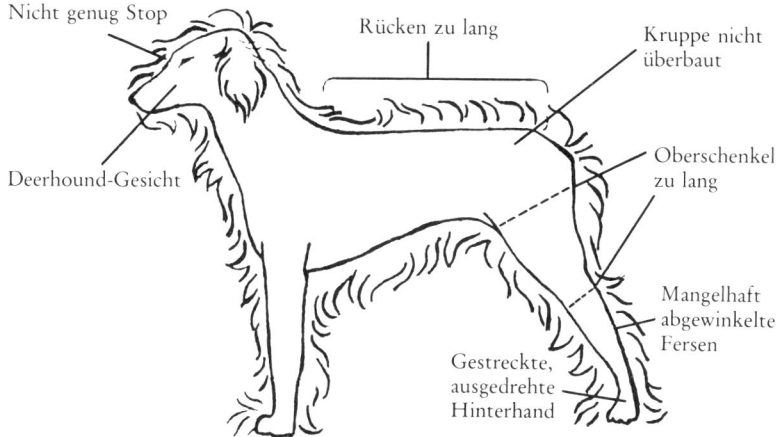

Nicht genug Stop

Rücken zu lang

Kruppe nicht überbaut

Deerhound-Gesicht

Oberschenkel zu lang

Mangelhaft abgewinkelte Fersen

Gestreckte, ausgedrehte Hinterhand

viel Kraft in der Hinterhand. Sehr elastisch im Galopp. Beim langsamen Gehen tendieren einige Hunde zum Paßgang. In Bewegung kann der Kopf eine natürlich tiefe Haltung einnehmen.

Haar. Überreich, von rauher Struktur, zottig und lockenfrei. Unterwolle soll eine wasserabstoßende Schicht bilden. Kopf und Schädel gut behaart, Ohren mäßig, Hals gut, Vorderbeine ringsum, Hinterteil stärker behaart als der Rest vom Körper. Qualität, Struktur und Dichte wichtiger als bloße Länge.

Farbe. Jede Schattierung von grau, graumeliert oder blau. Körper und Hinterteil in geschlossener Farbe mit oder ohne weiße Socken. Weiße Flecken in der geschlossenen Farbe sollten nicht gefördert werden. Kopf, Hals, Vorderfront und Unterbauch sollten weiß sein, mit oder ohne Markierungen. Jede Schattierung von braun unerwünscht.

Größe. 61 cm und größer für Rüden, 56 cm und mehr für Hündinnen. Typ und Ebenmaß sind von größter Bedeutung und sollten keinesfalls der Größe zuliebe vernachlässigt werden.

Fehler. Jedes Abweichen von den vorher erwähnten Punkten gilt als Fehler, und die Bedeutung, wie stark ein Fehler gewichtet werden soll, muß im genauen Verhältnis zu dem Fehlergrad stehen.

Bemerkung. Männliche Tiere sollten zwei offensichtlich normal entwickelte im Scrotum liegende Hoden besitzen.

17

Wir möchten einen Bobtail kaufen

Wo und bei wem finden wir unseren Hund?

Bevor Sie einen Bobtail kaufen, rate ich Ihnen, sich auf Ausstellungen, die es hier in jeder Region gibt, umzusehen und mit den entsprechenden Züchtern Kontakt aufzunehmen oder sich mit dem jeweiligen Club Ihres Landes in Verbindung zu setzen (wichtige Anschriften, Seite 96).

Besuchen Sie die Ihnen angegebenen Zwinger, um sich „Ihre Welpen" anzusehen und auszusuchen. Lassen Sie sich vom Züchter beraten. Vergleichen Sie! Bobtail-Welpen müssen gut ernährt aussehen, frei von tränenden Augen, Husten, Durchfall und so weiter sein. Bei Hunden sind die ersten Lebensmonate für das ganze weitere Leben von entscheidender Bedeutung. Was hier durch Profitgier versäumt wird, kann fast nie mehr eingeholt werden. Daher: Achtung bei Händlern! Die paar Mark, die Sie hier beim Erwerb sparen, tragen Sie später um ein Mehrfaches zum Tierarzt. Die Welpen sollen einen lebenslustigen Eindruck machen. Sie sollen einen guten Knochenbau

Fehler der Vorderhand   **Fehler der Hinterhand**

  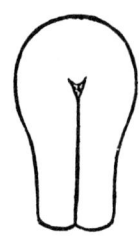

a. Ausgedrehte *b. Ellbogen*   *a. Kuhhessig*   *b. Korrekt*   *c. Zu eng*
Ellbogen   *eingedreht*

zeigen mit geraden Vorderbeinen und geraden Hinterbeinen, nicht kuhhessig sein und einen guten Gang haben. Schauen Sie sich bei der Gelegenheit die Eltern an. Anhand dieser kann man schon einiges über die Kinder erfahren. Lassen Sie sich nicht verwirren. Bobtail-Welpen kommen schwarz-weiß zur Welt und färben erst später um, meist in ein sehr helles Grau, fast Silber, welches später dann wieder etwas dunkler wird. Der weiße Teil wird immer weiß bleiben. Dunkle Abzeichen am Kopf wirken sehr attraktiv. Achten Sie auf ein korrektes Gebiß.

Die Augen sollten dunkelbraun sein; sog. Wall-Eyes sind erlaubt. Es darf auch ein dunkles und ein blaues Auge sein. Haben die Augenränder etwas Pigment (dunkle Ringe), so ist das ein guter Punkt. Dieses Pigment sollte später das ganze Auge säumen, bei sehr hellen Köpfen wird es etwas länger dauern. Ebenso sollte die Nase dunkel sein. Kleine rosa Pünktchen werden sich mit der Zeit auch durchfärben, meist haben aber acht Wochen alte Welpen schon ganz durchgefärbte Nasen und auch Lippenränder. Kleine weiße Striche auf dem Hinterteil werden toleriert. Ich sah solche Hunde auch schon auf internationalen Ausstellungen.

Fragen Sie den Züchter nach einer vorgenommenen Wurmkur. Bei uns werden die Welpen bis zur Abgabe an den neuen Besitzer drei- bis viermal entwurmt und zehn Tage vor dem Besitzerwechsel voll geimpft, was durch den Internationalen Impfpaß, der mit den Ahnentafeln zusammen abgegeben wird, dokumentiert ist.

Wie alt soll der Bobtail beim Kauf sein?

Wollen Sie sich nur einen Hund und nicht mehrere halten, empfehle ich Ihnen, den Bobtail so jung wie möglich zu kaufen. Der Welpe sollte aber mindestens acht Wochen alt sein. Voraussetzung für den Kauf solch eines jungen Hundes ist jedoch, daß Sie genügend Zeit und Geduld zur Erziehung des Kleinen besitzen. In diesem Alter wird viel gespielt und manches im Spiel zerrissen und zerrupft. Dafür erleben Sie aber fast die gesamte Entwicklungszeit Ihres Hundes mit den dazugehörenden Phasen.

In der Sozialisierungsphase (acht bis zwölf Wochen) entwickelt sich aus dem kindlichen Spiel eine starke Beziehung zur Umwelt. Aufgabe des Züchters oder des neuen Besitzers ist es, sich in dieser so entscheidenden Prägungsphase zu bemühen, dem Welpen einen intensiven

Kontakt zu den Menschen zu vermitteln. Ist der Kleine in diesem Alter bereits bei Ihnen, so sollten Sie so oft wie möglich mit ihm spielen. Einen älteren Hund zu erwerben ist zwar bequemer. Die Schwierigkeiten der Aufzucht, des Wachstums, die Anfangserziehung und auch eventuelle Kinderkrankheiten hat er hinter sich. Allerdings kann er nun auch schon Eigenschaften besitzen, die Sie nicht besonders erfreuen und deren Ursache sich nie ermitteln läßt.

Wählen Sie den Mittelweg und kaufen einen drei bis vier Monate alten Bobtail, so sollen Sie bedenken, daß er sich in diesem Alter in der Rangordnungsphase befindet. Ein charakterfester Hund wird in diesem Alter immer Mittel und Wege finden, seinen Rang aufzuwerten. Geben Sie jetzt seinen Launen öfter nach, so haben Sie später einen verzogenen und manchmal unberechenbaren Haustyrannen. Bleiben Sie also in allem und jedem konsequent, denn verwöhnen Sie ihn jetzt, so müssen Sie ihn bis an sein Lebensende verwöhnen.

Ich möchte hier noch folgenden Rat geben: Wenn Sie gerne zwei Hunde haben möchten, ohne züchten zu wollen, so nehmen Sie sich zwei gleichgeschlechtliche Tiere. Ein Pärchen, mit dem nicht gezüchtet wird, ist Unsinn, da der Rüde in den kritischen Tagen der Hündin doch leiden muß und mit der Zeit unter Umständen auch gegen andere Rüden angriffig wird, da er ja „seine" Hündin verteidigen will.

Nehmen Sie nie zwei Tiere aus dem gleichen Wurf. Ein Hund sollte immer mindestens ein Jahr älter sein, damit wird der Ältere immer als Ranghöherer anerkannt, und Machtkämpfen wird hiermit vorgebeugt.

Rüde oder Hündin

Diese Frage sollten Sie sich schon vor dem Besuch beim Züchter stellen, doch lassen Sie sich auch von ihm beraten. Ein Rüde wirkt natürlich immer mächtiger, größer und kräftiger als eine Hündin. Ganz falsch ist die weitverbreitete Ansicht, daß eine Hündin anhänglicher sei als ein Rüde. Ich habe die Erfahrung gemacht, daß unser Rüde oft ein viel größerer Schmuser ist als die Hündinnen. Der Käufer sollte sich also zunächst fragen, ob er eventuell später selbst züchten möchte. Dann wäre es sinnvoll, sich eine Hündin anzuschaffen.

Wer eine Hündin haben möchte, der muß sich aber im klaren sein, daß diese meist zweimal im Jahr ihre Hitze bekommt. Diese drei Wochen während Periode muß der Besitzer einkalkulieren. Vor allem ist es wichtig, in dieser Zeitspanne darauf zu achten, daß nicht ungebetene „Liebhaber" zu Besuch kommen, was zu wenig erwünschtem Nachwuchs führen könnte.

Dem Rüden, der über das ganze Jahr deckbereit ist, bereitet der Duft einer heißen Hündin in der Nachbarschaft oft Liebeskummer, und ein jaulender Hund, womöglich in einem Mehrfamilienhaus, ist auch nicht gerade nervenberuhigend.

Unsere Wohnung

Etage. So mancher Züchter mußte die traurige Erfahrung machen, daß nach mehreren Monaten der Hund wieder zurückgegeben wurde. Erkundigen Sie sich in jedem Fall beim Vermieter, ob eine Hundehaltung in den von Ihnen gemieteten Räumen gestattet ist. Die Genehmigung lassen Sie sich schriftlich geben, wenngleich mündliche Zustim-

Gute Spielkameraden

21

mung ausreicht, sofern nicht schon der Mietvertrag diesbezüglich eindeutig Auskunft gibt.

Es wird oft gesagt, kein großer Hund in eine Etagenwohnung. Doch sollte man auch hier differenzieren. Der Bobtail, ein doch relativ ruhiger Hund, braucht in der Wohnung seinen eigenen Platz, der ihm allein gehört. Da es ihm, bedingt durch seinen dicken Pelz, in zentralgeheizten Zimmern oft zu warm ist, sollte ihm, wenn möglich, ein Balkon zur Verfügung stehen. Über die täglichen Auslaufmöglichkeiten sollten Sie sich in jedem Fall vor dem Kauf informieren, denn hier kann es in einer Stadtwohnung zu ernsten Problemen kommen, und ein gewisses Maß an freiem Auslauf, das heißt ohne Leine, braucht nun mal jeder Hund.

Haus und Garten. Anders sieht es demgegenüber aus, wenn man ein eigenes Haus und einen Garten hat. Hier wird sich ein Bobtail natürlich ungleich wohler fühlen. Kann er doch seinem Bewegungsdrang nachgehen und hat trotz allem Kontakt zu seinen Menschen. Das heißt aber nicht, daß man ihn hier alles tun und machen lassen kann. Junghunde sind sehr erfinderisch, und hier ist Konsequenz in punkto Erziehung, und zwar vom ersten Tage an, vonnöten.

Wenn Sie Ihrem Hund nicht von Anfang an beibringen, daß beim Harnlassen und Kotabsetzen nur die von Ihnen zugewiesene Ecke benutzt werden darf, bietet Ihr Garten bald ein Bild der Verwahrlosung. Bei Hündinnen gibt es braune Flecken auf dem Rasen, bei den Rüden braune Sträucher und Blumen ohne Blüten. Keine Reklame für einen gut erzogenen Hund. In den Sommermonaten sollte zudem auch im Garten immer Wasser für den Bobtail erreichbar sein.

Familienanschluß

Ein junger Bobtail erobert die Herzen im Sturm, doch er sollte von Anfang an wissen und merken, wer sein Boß ist. Der Bobtail ist ein Kinderfreund wie selten ein Hund, doch sollte man hier nicht in den Fehler verfallen und meinen, er sei ein herrliches Spielzeug für ein Kind. Sie müssen sein Meister sein. Einem Kind unter 15/16 Jahren einen Bobtail zu überantworten, ist Unsinn. Es wäre unter diesem Alter überfordert, denn ein ausgewachsener Bobtail ist schon für manchen Erwachsenen an der Leine nicht einfach zu halten. Zu schnell ist bei einem Schreck ein Unglück passiert. Von der Pflege ganz abzusehen.

Eine Zuchtgruppe;
v. l. n. r.:
Sohn, Mutter,
Großmutter

Ahnentafel und Impfpaß

Kaufen Sie Ihren Bobtail beim Züchter, so ist dieser verpflichtet, zu dem Hund die entsprechende Ahnentafel und den zugehörigen Internationalen Impfpaß ohne Aufpreis auszuhändigen. Der Impfpaß zeigt Ihnen, ob der Züchter die erste Grundimmunisierung veranlaßt hat, die im Alter von sieben bis acht Wochen vorgenommen werden muß.

Die Ahnentafel enthält den Namen des Hundes, die Zuchtbuchnummer, nennt die Eltern, Großeltern, Urgroßeltern, Ur-Ur-Großeltern, Name und Adresse des Züchters. Die Richtigkeit der gemachten Angaben muß vom Züchter und Zuchtbuchführer auf dem offiziellen Vordruck durch Unterschrift bestätigt sein. Die Ahnentafeln werden vom Club für Britische Hütehunde e. V. ausgestellt. Der Sitz der Zuchtbuchstelle ist in Münnerstadt, die Zuchtbuchführerin derzeit Gertrud Puchalla. Mit diesen Dokumenten versehen, kaufen Sie einen Hund, dessen Zuchtclub dem Dachverband FCI (Internationaler Hundeverband) angeschlossen ist. Nur mit einem solchen Hund können Sie, wenn Sie wollen, an entsprechenden Ausstellungen teilnehmen oder vielleicht sogar züchten.

23

Aufzucht und Erziehung

Die ersten Tage im neuen Heim

Kommt der Tag näher, an dem Sie den Welpen abholen können, so besorgen Sie sich nach Rückfrage beim Züchter alles Notwendige für die ersten Tage. Die meisten Züchter werden Ihnen einen Plan mitgeben, wie der Welpe bis jetzt ernährt wurde. Dieses System sollten Sie unbedingt befolgen, damit es keine unangenehmen Überraschungen gibt. Hunde reagieren leicht auf eine Futterumstellung mit Durchfall. Für diese Eventualitäten sollten Sie zum Beispiel Arobon-Nestle im Hause haben.

Selbstverständlich sollte sein, daß der Hund von Anfang an sein eigenes Geschirr, das heißt einen Freßnapf und einen Wassernapf, hat. Wenn Sie Gutes tun wollen, so kaufen Sie die im Handel erhältlichen Gestelle, die man in der Höhe verstellen kann, so daß Sie mit dem Hund wachsen.

Mit dem Züchter haben Sie den Termin für das Abholen des Welpen vereinbart. Hierzu eignet sich das Wochenende, am besten der Samstagmorgen. Richten Sie es so ein, daß Sie so früh wie möglich wieder zu Hause sind, damit der Kleine sich noch im Hellen in seiner neuen Heimat umschauen kann und sich vertraut macht mit dem Neuen, das auf ihn einstürmt. Doch machen Sie kein Familienfest aus seinem Eintreffen. Die ersten Tage sollten so wenig wie möglich Fremde an den Hund herangelassen werden. Die Fahrt nach Hause sollte auf dem kürzesten Weg geschehen. Machen Sie alle zwei Stunden Pause, in der Sie den Kleinen seine Geschäfte machen lassen. Hierzu brauchen Sie Leine und Halsband, bei einer längeren Reise ist ein Wassernapf wichtig, vor allem in der heißen Jahreszeit.

Beim Bobtail würde ich raten, mit einem Lederhalsband etwa in der Größe von 43 cm anzufangen, die Leine kaufen Sie sich gleich in der richtigen Größe. Später empfehle ich Ihnen, sich ein großgliedriges Metallhalsband zuzulegen. Denken Sie auch daran, daß Ihr Hund sehr wahrscheinlich noch nie Auto gefahren ist, manche müssen erbrechen.

Nehmen Sie Tücher mit. Von Vorteil wäre es, wenn Sie sich von einer zweiten Person begleiten ließen, die das Tier ablenkt. Lassen Sie ihn nicht zum Fenster rausschauen, der beste Platz ist bei der ersten Fahrt vorne zwischen den Beinen der Begleitperson. Später sollte ein Hund immer auf den Hintersitzen untergebracht werden. Als sehr vorteilhaft hat sich das für alle Wagen erhältliche Trenn-Netz oder -gitter erwiesen.

Probleme der Aufzucht

Die Annahme, es gäbe keine Probleme bei der Aufzucht unseres Bobtails, wäre eine sichere „Vogelstraußpolitik". Diese Probleme häufen sich um so mehr, wenn der neue Bobtailbesitzer entweder von dem Züchter nicht genügend aufgeklärt worden ist oder glaubt, alle gutgemeinten Ratschläge in den Wind schlagen zu können. Die meisten Aufzuchtprobleme resultieren aus einer falschen Fütterung. Man hört immer wieder den Rat, ein junger Hund soll so viel fressen, wie er will. Er kann sich nicht überfressen. Doch hier müssen wir genau unterscheiden. Es gibt bei den Bobtails schlechte und gute Fresser, schlechte und gute Futterverwerter. Unkontrolliertes Füttern jedoch führt fast immer zur Fettleibigkeit. Dieses aber belastet, wie bei uns Menschen auch, Herz und Kreislauf enorm. Die Folge ist ein Hund, der sich träge dahinbewegt, der besonders im Sommer bei Hitze größte Schwierigkeiten zu bewältigen hat und dessen Lebenserwartung erheblich kürzer ist als die seiner vernünftig ernährten Artgenossen.

Durch vieles Liegen auf hartem Boden kann es beim Bobtail an den Seiten der Ellenbogen zu Liegeschwielen mit Verdickung der Haut kommen, ab und zu auch zur Entzündung. Weicheres Lager und entzündungshemmende Salben helfen hier gut.

Ich kann Sie nicht eindringlich genug bitten, das Kapitel „Ernährung" immer wieder gründlich durchzulesen und zu befolgen. Leider neigt unsere Rasse dazu, ein ordentliches Gangwerk vor allem der Hinterhand zu verlieren, besonders wenn die nötige Bewegung fehlt. Ein vernünftiges Maß an Training – sehr zu empfehlen ist das Gewöhnen, neben dem Fahrrad zu laufen – und eine sorgsam abgewägte Ernährung können diesem Übel Einhalt gebieten. Bei auftretenden Schwierigkeiten wenden Sie sich am besten an den Züchter Ihres Hundes oder Ihren Tierarzt.

Besuch beim Tierarzt

Gehen Sie innerhalb der ersten Woche, in der Sie Ihren Welpen erhalten haben, zu einem Tierarzt. Versuchen Sie jemanden zu finden, der schon Erfahrung in der Behandlung von Bobtails hat. Bei diesem ersten Besuch wollen Sie den Welpen nur vorstellen und sich einen Überblick über den allgemeinen Gesundheitszustand verschaffen. Geben Sie dem Welpen mindestens zwölf Stunden vor dem Besuch nichts zu fressen und etwa zwei Stunden vorher nichts zu trinken. Sie vermeiden dadurch ein unnötiges Beschmutzen des Warte- oder Behandlungsraumes.

Haben Sie mit Ihrem Züchter einen Kaufvertrag abgeschlossen, in dem beinhaltet ist, daß Sie den Welpen bei Feststellung von schwerwiegenden Mängeln beziehungsweise Krankheiten zurückgeben können, so ist der Besuch beim Tierarzt absolut erforderlich. Bei diesem ersten Besuch wird Ihnen der Tierarzt auch den genauen Termin für die zweite Grundimmunisierung geben. Diesen Termin sollten Sie unbedingt wahrnehmen, wollen Sie nicht Gefahr laufen, daß sich Ihr Hund irgendwo infiziert. Näheres über Krankheiten erfahren Sie im letzten Kapitel dieses Buches.

Erste Schritte zur Sauberkeit

Stubenrein haben Sie den Bobtail sehr schnell. Auch hier ist die Konsequenz oberstes Gebot. Nach jeder Mahlzeit kommt ein Häuflein, nach jedem Schlafen ein Pfützchen. Bei einiger Beobachtung hat man schnell heraus, was passiert. Man schnappt den Kleinen und setzt ihn da hin, wo er darf. Ist es dann passiert, lobt man ihn gebührend. Fast alle unsere Hunde waren, wie uns die neuen Besitzer erzählten, nach etwa drei bis acht Tagen vollständig sauber.

Hier möchte ich noch beschreiben, wie man einen Bobtail auf den Arm nimmt. Heben Sie ihn nie an den Vorderbeinen oder Genick wie ein Kaninchen in die Höhe, sondern fassen Sie mit der Hand unter seinen Bauch, bis Sie mit den Fingern unter den Vorderbeinen sind. So haben Sie das Gewicht des Welpen auf dem Arm; wird er schwerer, nehmen Sie ihn mit beiden Armen und Händen.

Bringen Sie ihn von Anfang an immer zu dem Platz, welcher sein „Klo" werden soll. Hat er dort sein Geschäft verrichtet, so sollten Sie

Zwei Unzertrennliche

mit Lob nicht sparen. Ist nun doch mal was auf dem Teppich im Haus passiert, so ist es völlig unsinnig, ihm die Nase hineinzustubsen. Wenn er sich setzen will, so genügt oft schon ein Klatschen in die Hände, und dann ab aufs „Hundeklo"!

Sie haben sich nun am ersten Tag viel mit Ihrem Hund beschäftigt und haben ihm sein Schlafplätzchen gezeigt. Der Schlafplatz des Hundes sollte ein vor Zugluft geschützter Ort sein. Ein Schaumgummibett mit waschbarem Überzug von 80 bis 120 cm Größe oder ein Wollteppich sollte ihm gehören. Meist wird er sich in jungen Jahren einen kühlen Platz suchen, im Alter dagegen wird er gerne auf ein etwas komfortableres Lager gehen.

Legen Sie ihm vielleicht in den ersten Nächten das Tuch, auf dem Sie ihn geholt haben, mit aufs Bett. Trotz allem werden aber die ersten Nächte unruhig sein. Fern seiner bis dahin gewohnten Umgebung wird er weinen, er fühlt sich einsam ohne Mutter und Geschwister. Die neuen „Eltern" sind ihm noch fremd, also wird gejammert, was nur allzu natürlich ist. Diese Nächte sind nun ganz wichtig für die weitere Entwicklung. Werden Sie nämlich jetzt schwach, und übermannt Sie das Mitleid mit dem süßen Kleinen, ist es meist ein für alle Mal passiert; holen Sie ihn in Ihr Schlafzimmer, wird er wohl nie mehr daraus zu verbannen sein. Er wird zwar hier im Schlafzimmer schneller ruhig sein, doch keineswegs die Vernunft zeigen, die sein Herr von ihm erwartet, und es in den nächsten Nächten immer wieder probieren. Einen ausgewachsenen Bobtail im Schlafzimmer zu haben, ist nicht unbedingt ideal. Hier hilft nur eiserne Konsequenz, und das Schlafzimmer bleibt „tabu". Lassen Sie ihn ruhig einige Nächte jammern, meist hat er es nach zwei bis drei Nächten gemerkt, daß diese Tour nicht zum Ziele führt und sich in das Unvermeidliche gefügt. Ein Kalbsknochen oder ein Büffelhautknochen zum Nagen tun das ihre noch dazu.

Ein gut erzogener Hund

Es ist so wichtig: Wer die Freude an seinem Hund nicht verlieren will, muß ihn erziehen, und zwar von Anfang an, also vom ersten Tage. Es geht um die Erziehung zum angenehmen und liebenswerten Hausgenossen. Der Bobtail ist ein rasch begreifender Hund, aber sensibel. Seine Erziehung sollte daher nicht ungerecht sein. Seinen Charakterzug, alles zu beschützen, können Sie sich in der Erziehung zunutze machen. Doch auch der Bobtail braucht seinen Meister, den er als Rudelführer anerkennt. Ein Bobtail, der nicht folgt, wenn man ihn ruft, wird niemals eine Freude sein.

Rufen Sie Ihren Hund vom ersten Tag an, an dem Sie ihn besitzen, mit dem Namen, auf den er hören soll, er begreift sehr schnell, daß er gemeint ist. Nach einigen Tagen hat er sich auch an das Halsband gewöhnt. Im Garten oder in einer stillen Seitenstraße führt man ihn nicht an der Leine, meist macht das gar keine Schwierigkeit. Zu Hause wird vom ersten Tag an das Kommando „Sitz" und „Platz" geübt. Er wird es sehr schnell kapieren, ist es doch sehr oft mit dem Fressen oder dem Angebot von Leckereien verbunden. Auf dem Spaziergang stecken Sie sich daher auch ein paar Hundekuchen ein, und wenn er auf Ihr Kommando kommt, so wird er belohnt. Solange der Bobtail nicht sicher auf das Kommando, sei es nun Pfiff oder Ruf, hört, sollte man ihn nicht von der Leine lassen. Eine lange Leine ist dann sicherer und gut geeignet, mit dem Hund Gehorsamsübungen anzufangen.

Überall dort, wo Straßen und Autoverkehr in der Nähe sind, gerät ein nicht folgender Hund in Lebensgefahr. Nach der „Komm-Übung" kann man dazu übergehen, ihm das Sitzen beizubringen. Hierzu kann man ihn am Halsband halten und mit der anderen Hand sein Hinterteil leicht hinunterdrücken. Alle diese Übungen brauchen eine gewisse Konsequenz, gepaart mit viel Liebe und Einfühlungsvermögen in das Tier. Die Befehle müssen ruhig und prägnant sein, alle Lobesworte sollten jedoch einen einschmeichelnden Ton haben. Haben Sie Geduld mit Ihrem Bobtail, viel Geduld. Es ist noch kein Meister vom Himmel gefallen. Aber seien Sie konsequent, wenn es darum geht, Ihren Willen und Befehl dem Hund aufzuzwingen. Sollten Sie gar nicht zurechtkommen, so gehen Sie mit Ihrem Zögling mal auf einen Hundeübungsplatz, hier wird man Ihnen gerne mit Rat und Tat zur Seite stehen. Nur eines: Schlagen Sie Ihren Hund nie!

Zur Erziehung Ihres Hundes gehört auch, daß Sie ihn alleine in der Wohnung lassen können. Damit man auch mal einkaufen kann, gewöhnen wir unsere Hunde von Anfang an daran, zwei bis drei Stunden alleine zu bleiben. Bobtails begreifen sehr schnell, und wie man sie erzieht, so hat man sie später.

Ein gut erzogener Hund sollte beim Essen nicht in die Küche und ins Eßzimmer. Er wird groß und vermag bald über den Tisch zu blicken. Nicht alle Gäste finden es sympathisch, den Kopf Ihres Bobtails auf der Serviette zu haben oder sogar in der Nähe ihres Tellers. Wichtig ist es, daß der Hund vorher sein Fressen bekommen hat. Es ist dem Bobtail mit Geduld durchaus klarzumachen, daß er am Tisch nichts zu suchen hat. Man sollte auch nicht zulassen, daß ihm andere Menschen schnell und heimlich einen Happen zustecken. Ganz abgesehen davon, ist unsere Menschennahrung dem Hunde häufig nicht zuträglich. Ein derart erzogener Hund wird auch in einem Restaurant oder Hotel nicht unangenehm auffallen.

Sein Platz in der Familie

Schon bevor Sie Ihren Bobtail zu sich nehmen, sollte im Familienrat abgeklärt sein, wer der Hauptboß ist; diese Person sollte das Tier füttern und sich am Anfang hauptsächlich um es kümmern. Mit den Kindern sollte man vernünftig reden und ihnen klarmachen, daß dieses kleine Wollknäuel ein lebendes Wesen ist, das Freude und Schmerz

29

genauo spürt wie sie selbst. Vor allem auch ist es wichtig zu erklären, daß das Tier eigentlich noch ein Baby ist und viel Schlaf braucht. Von allen Seiten muß hier Toleranz geübt werden. Niemals sollte der Bobtail im Zusammenleben mit Kindern ungerecht oder inkonsequent behandelt werden, er würde es erdulden, aber darunter leiden. Er liebt Kinder, und bei hundegerechter Erziehung und Haltung wird er es Ihnen sein ganzes Leben mit Treue und Anhänglichkeit danken.

Der aus dem Wurf herausgenommene kleine Hund braucht Ersatz für seine bis dahin liebste Tätigkeit, das Spielen. Man kann nicht erwarten, daß aus dem kleinen Welpen quasi über Nacht ein wohlerzogener Hausgenosse entsteht. Er wird immer versuchen, nach der ersten Eingewöhnungsphase Ersatz für seine Tollereien und Spiele zu finden. In dieser Zeit werden er und Sie begreifen, wo er seine spitzen Milchzähnchen überall mit Erfolg einsetzen kann. Er wird versuchen, alles, was ihm vors Maul kommt, anzunagen.

In dieser Periode müssen Sie besonders wachsam sein und ihn möglichst viel beschäftigen. Lassen Sie ihn in dieser Zeit zu lange unbeaufsichtigt, so kann es passieren, daß Sie in Ihrer guten Stube Kleinholz vorfinden statt des ersehnten Sessels. Gefährlich, aber sehr begehrt, sind alle Arten von Kabel. Sind sie unter Strom, könnte das tödliche Folgen haben. Ebenso gefährlich ist Glas, es kann böse Verletzungen geben. Widmen Sie dem Junghund gerade in diesem Flegelalter viel Zeit. Vor allem auch mit dem pädagogischen Hintergedanken, ihn spielerisch in die neue Rangordnung einzugliedern und das Zusammengehörigkeitsgefühl zu stärken und zu festigen.

Ferienprobleme

Das Mitnehmen auf Ferienreisen sollte wohlüberlegt sein. Das Schönste wäre natürlich, wenn man Ferien mit dem Bobtail plant; überall, wo man so recht von Herzen wandern kann, ist unser Bobtail dabei. Trimmurlaub wäre eine gute Bezeichnung dafür. Nur in den „heißen Ländern", da wird's unseres Bobtails zu warm, aber was dann? Hören Sie sich frühzeitig nach einer guten Hundepension um, fahren Sie hin, und schauen Sie sich alles an. Eventuell nimmt ihn auch der Züchter für einige Zeit zu sich. Vielleicht haben Sie das Glück, daß hundeliebende Nachbarn ihn während Ihrer Abwesenheit betreuen.

Geht die Reise ins Ausland, so tun Sie gut daran, sich vorher zu informieren, welche Impfungen erfolgt und im Internationalen Impfpaß bescheinigt sein müssen. In unseren Nachbarländern ist eine Schutzimpfung gegen Tollwut zwingend vorgeschrieben. Die letzte Tollwutimpfung muß dabei 30 Tage zuvor, höchstens aber vor einem Jahr verabreicht worden sein.

Hundesteuer und Haftpflichtversicherung

Sie haben sich nun einen Bobtail angeschafft und haben dem Züchter seinen Preis bezahlt. Jetzt aber müssen Sie daran denken, bevor Sie Ärger bekommen, daß zunächst einmal die Hundesteuer fällig wird, und zwar ist nach geltenden Bestimmungen für jeden Hund Hundesteuer zu entrichten. Der Steuersatz liegt in den Städten und Gemeinden unterschiedlich hoch. Für die Anmeldung ist in der Regel das Ordnungsamt einer Gemeinde zuständig. Wer seinen Hund nicht meldet, macht sich der Steuerhinterziehung schuldig. Da die Behörden in dieser Beziehung wenig Spaß verstehen, sollte man seinen neuen Hausgenossen sobald wie möglich anmelden.

Eine Haftpflichtversicherung sollte für jeden Hundehalter eine Selbstverständlichkeit sein. Eine solche Versicherung deckt alle Schäden, die ein Hund Drittpersonen (also Nicht-Familienmitgliedern) zufügen kann. Denken Sie nicht, so etwas bräuchten sie nicht, ihr Hund sei so gut erzogen, daß er weder Menschen noch andere Hunde beiße. Gerade bei einer so großen Rasse wie dem Bobtail kann schon ein zu freudiges Anspringen – und sei es bei Bekannten – zu einem unvorhergesehenen Unglück führen. Wer aber daran denkt, welche schweren persönlichen und materiellen Schäden beispielsweise bei einem vom eigenen Hund verursachten Verkehrsunfall eintreten können, dem wird die dringende Notwendigkeit einer solchen Haftpflichtversicherung für seinen Bobtail sofort einleuchten. Es ist sinnvoll, sich vor dem Abschluß bei den verschiedenen Gesellschaften über die Höhe der Jahresprämie zu informieren, weil es da bisweilen erhebliche Unterschiede gibt. Auch besteht oft die Möglichkeit, bei einer bereits bestehenden Haftpflichtversicherung eine Zusatzversicherung abzuschließen, deren Prämie dann geringer sein dürfte. Billig ist diese Versicherung sicher nicht. Wenn Sie sich aber vorstellen, welche Schadensansprüche auf Sie zukommen könnten, so müssen Sie einsehen, daß die Jahresprämie einer Haftpflichtversicherung das kleinere Übel ist.

Das Fell und seine Pflege

Die Entwicklung des Haarkleides

Der Bobtail wird schwarz/weiß geboren und färbt in den ersten 18 Monaten seines Lebens in den graublauen Ton um. Am Anfang meist in ein helles Silber, oft vermischt mit einem leichten braunen Ton, der jedoch auswächst. Diesen Braunton gibt es aber auch mitunter, wenn der Hund zu lange der Sonne ausgesetzt ist oder am Meer durch die salzhaltige Luft. Auch finden wir diese nicht sehr schöne Farbe, wenn der Hund nicht gut gebürstet wurde. Die tote Unterwolle erscheint dann braun. Für das Fell des Bobtails sind unsere zentralgeheizten Zimmer fast zu warm. Sehen Sie, daß Sie ihm einen Ort zuweisen können, wo es ihm behagt, trocken und nicht zu warm. Unsere Hunde lieben unseren komplett gedeckten Balkon.

Der Bobtail hat zwei verschiedene Arten von Haar: harsches Oberhaar und weiches, wasserundurchlässiges Unterhaar. Ist das Haar sehr lang und dicht, so kann es das Aussehen des Bobtails verändern. Er erscheint plump und dick. In diesem Fall ist es nötig, ihm am Nacken und an den Schultern die Haare etwas auszukämmen.

Haarpflege – wie und womit?

Sie brauchen für die Pflege eine gute Bürste und einen nicht zu engzinkigen Kamm. Beginnen Sie mit der Haarpflege so früh wie möglich, damit das Tier später an diese Prozedur gewöhnt ist. Ganz am Anfang reicht eine ausgediente Haarbürste. Günstig ist es, wenn Sie einen alten Tisch besitzen, auf den Sie den Hund legen können. Am Anfang sollten Sie den Hund jeden Tag bürsten, dadurch beschleunigen Sie den Haarwechsel. Später genügt es, ihn zweimal wöchentlich gründlich durchzubürsten.

Beginnen Sie am Kopf: Zuerst säubert man die Augen, am besten mit einem feuchten Tuch. Schauen Sie, ob Sie verfilztes Haar finden, dieses wird mit den Fingern auseinandergezupft und dann ausgebür-

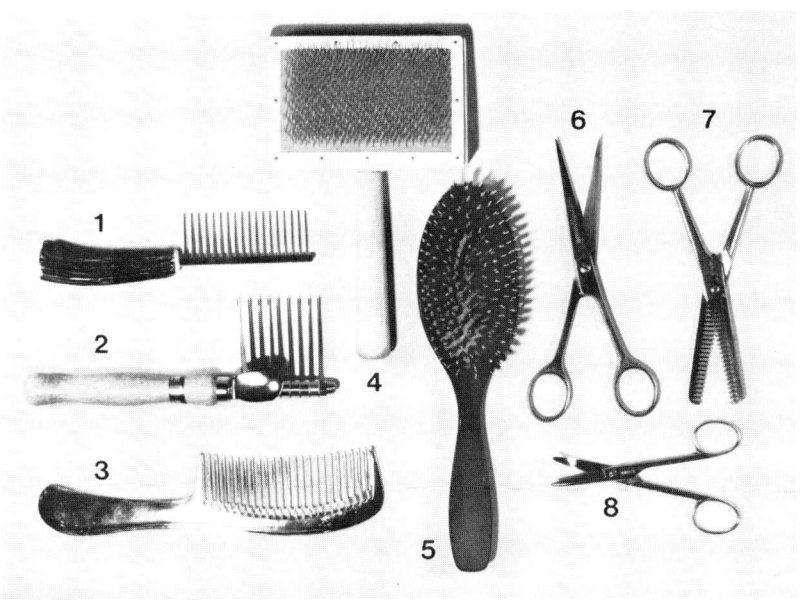

Werkzeug für die Fellpflege.
1 Engzinkiger Kamm, 2 Entfilzungskamm, 3 weitzinkiger Kamm, 4 Bürste mit Stahl-borsten (sogenannte Pudelbürste), 5 Bürste, weich, mit Nylonborsten, 6 spitze Schere, 7 Effilierschere, 8 abgerundete Schere

stet. Ein Blick in die Ohren ist wichtig, verknotetes Haar im Gehörgang wird vorsichtig mit einer abgerundeten Schere entfernt. Dann wird das ganze Haar am Kopf schön hochgebürstet. Futterreste im Bart werden nach jeder Mahlzeit mit lauwarmem Wasser ausgewaschen.

Die Haare über den Augen, von den Engländern „Fall" genannt, können sehr dicht und lang werden. Ist dies nicht der Fall, bürsten Sie das Haar aufwärts, legen Sie die andere Hand über Augen und Nase und bürsten das Haar darüber. Diese Prozedur verstärkt den Stop, und der Kopf bekommt das typische Aussehen. Ist das Haar aber sehr dick und lang, so kann man es mit einem Gummi zusammenhalten, damit der Hund besser sehen kann. Dies ist vor allem nötig, wenn der Hund frisch gebadet ist und das Haar sehr füllig überhängt. Die Ohrenhaare selbst und das Fell dahinter haben die Tendenz, gerne zu verfilzen. Haben Sie ein waches Auge darauf. Sollten die Haare an den Ohren zu lang werden, können Sie die Spitzen mit den Fingern ganz leicht etwas austrimmen. Aber nicht zu kurz. Dann bürsten Sie Nacken und Schultern. Ist das Fell hier zu dicht, können Sie, wie schon zuvor gesagt, dieses auskämmen. Halten Sie sich aber bitte vor Augen, daß der Bobtail nie zurechtgemacht aussehen soll, sondern so natürlich wie möglich! Dann legen Sie den Hund auf die Seite und arbeiten Strich für Strich das Haar durch, um eventuelle Filzplatten zu finden. Diese werden dann zunächst auseinandergezupft. In schlimmen Fällen kann Ihnen ein Entfilzungskamm, der in Zoogeschäften und im Fachhandel zu haben ist, helfen, ohne daß der Hund sehr leiden muß. Sorgen Sie immer dafür, daß das Tier keine Schmerzen hat. Nehmen Sie sich Zeit. Für Hunde, die an Ausstellungen teilnehmen, muß beachtet werden, daß nicht zuviel Wolle weggenommen wird! Zuerst die Vorderseite, dann den Rumpf und dann die Hinterbeine. Ist die eine Seite in Ordnung, drehen Sie den Hund auf die andere Seite und wiederholen das gleiche. Dann stellen Sie den Hund hin und bürsten das Fell nochmals fest durch, so wie es in der Abbildung (S. 42) gezeigt wird.

Sollten Sie dennoch Probleme haben, gehen Sie, bevor es zu spät und der Hund so verfilzt ist, daß man ihn schneiden oder abscheren muß, zu Ihrem Züchter. Bei Hunden, die nicht ausgestellt werden, ist es besser, ihnen etwas mehr Haare auszubürsten. Lieber einen etwas dünner wirkenden Bobtail als ein Filzpaket. Ich selbst nehme meinen Hunden im frühen Frühling das ganze Unterhaar raus. Es kommt in etwa zehn Wochen um so schöner nach!

Filzplatten, was tun?

Ist durch widrige Umstände Ihr Hund so verfilzt, daß man ihm die Haare abschneiden muß, so gehen Sie folgendermaßen vor:

Legen Sie den Hund auf den Tisch, und fangen Sie unten an den Vorderbeinen an. Schneiden Sie mit einer spitzen, scharfen Schere jede Filzplatte in Streifen auf, etwa ein bis zwei Zentimeter breit, und bürsten oder kämmen Sie dann die einzelnen Platten aus. Beachten Sie, daß es keine Löcher gibt. Dann nehmen Sie die Hinterbeine dran und gehen in gleicher Weise vor. Dann den Rumpf, Bauch und Nacken. Jetzt drehen Sie den Hund und machen das gleiche auf der anderen Seite. Danach bürsten Sie das Fell gut durch und egalisieren alles, damit es ein einheitliches Bild gibt.

34

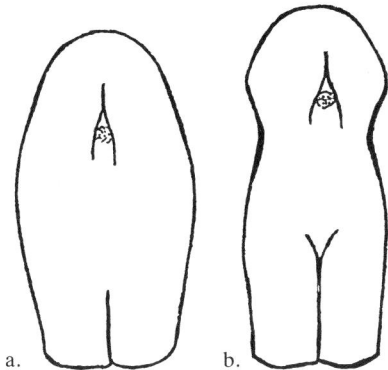

Haarkleid

Vorderansicht
a. Haarkleid nicht zurechtgemacht
b. Richtig zurechtgemachter Hund

a.   b.

Sollte dies alles nicht mehr möglich sein, so würde ich Ihnen raten, das Fell in einem guten Hundesalon komplett mit der Maschine runterscheren zu lassen. Es kann Ihnen sonst passieren, daß sich unter dem Filz Ekzeme bilden. Deshalb, wenn Sie nicht ausstellen und in die Situation kommen, wo Sie genau wissen, daß Sie Ihrem Hund über längere Zeit nicht die Pflege angedeihen lassen können, die er normal braucht, kürzen Sie ihm die Haare um einige Zentimeter mit der Schere. Das sieht nicht schlecht aus. Bürsten Sie das Fell einige Minuten, und Ihr Hund zeigt ein gepflegtes Aussehen. Bis Sie wieder Zeit haben, ist auch das Fell wieder nachgewachsen. Es gibt nichts Häßlicheres als einen mit Filzplatten bedeckten, ungepflegten, stinkenden Bobtail!

Baden Sie Ihren Bobtail nur, wenn es dringend nötig ist. Durch das Bad wird das Haar weich und filzt mehr. Bei regelmäßigem Bürsten und Kämmen wird der Hund immer sauber und propper aussehen, und da das natürliche Öl im Haar ist, bleibt es ganz von selbst sauber. Wichtig ist auch, daß Sie den Hund nur bürsten, wenn er ganz trocken ist. Einen feuchten Hund können Sie gut mit einem Fensterleder trocknen. Er wird damit auch schön sauber. Da das Botailhaar sehr lange zum Trocknen braucht, baden Sie den Hund – wenn einmal wirklich nötig – im Sommer, wenn es schön warm ist, oder gegen Abend, damit er über Nacht im geheizten Haus trocknen kann. Meist ist es aber nur nötig, das Weiße zu baden. Bei Rüden ab und zu auch mal den Bauch. Wenn das bei meinen Hunden der Fall ist, so stelle ich

Warten auf Frauchen!

das Tier unter die Dusche, shampooniere es mit einem guten Hunde-shampoon ein, welches gleichzeitig auch Ungeziefer tötet. Gutes Nach-spülen mit warmem Wasser ist sehr wichtig. Geben Sie auch acht, daß keine Seife in Augen und Ohren kommt. In die Ohren kann man vorsichtshalber Wattebällchen stecken. Anschließend wird der Hund in ein Badetuch gepackt und gut frottiert. Von Nutzen ist es, wenn Sie für Ihren Liebling ein eigenes Badetuch besitzen. Wenn er es sich gefallen läßt, fönen Sie ihn wenigstens annähernd trocken. Lassen Sie ihn aber ja nicht in den Garten, sonst wird er gleich hinterher ein Sandbad nehmen! Bei heißem Sommerwetter ist ein Spaziergang, diesmal aber angeleint, nicht schlecht. Erst wenn er ganz trocken ist, sollten Sie ihn bürsten und kämmen. Ins Weiße kann man ein bißchen weißen Kalkpuder geben, da es gerne einen gelblichen Ton annimmt. Es gibt jetzt auch Sprays im Fachhandel. Dieses muß aber später rigoros ausgebürstet werden. Vor allem bei Hunden, die zur Ausstel-lung kommen, macht es keinen guten Eindruck, wenn der Richter nach dem Anfassen aussieht, als hätte er seine Hände fürs Reckturnen präpariert! Sehr oft reicht es aber, wenn Sie den Hund mit einem Trockenbadpuder behandeln. Es hat den Vorteil, daß das haareigene Öl nicht ausgewaschen wird.

So seltsam es klingen mag, ein frisch gebadeter Hund wird viel schneller schmutzig als einer, der sein Fett noch in den Haaren hat.

Beachten Sie auch die Pfoten Ihres Hundes. Die Haare zwischen den Ballen schneiden Sie mit einer abgerundeten Schere raus. So bringt Ihnen Ihr Hund auch nicht so viel Dreck in die Wohnung, und bei Schnee ist die Gefahr, daß sich zwischen den Ballen dicke Eisklumpen festsetzen, erheblich geringer. Die Nägel sollten kurz sein, meist läuft sie sich der Hund beim täglichen Spaziergang ab. Sollten sie doch einmal zu lang werden, lassen Sie sie am besten bei Ihrem Tierarzt kürzen. Um eine schöne Rundung um die Füße zu bekommen, müssen Sie auch hier die überstehenden Haare vorsichtig mit den Fingern wegtrimmen oder leicht schneiden, am besten mit einer abgerundeten Schere. Dazu bürsten Sie die Haare zuerst hoch und arbeiten etagenweise, also immer wieder einige Haare runterbürsten, nachschneiden, bis alles schön rund aussieht. Dieses machen Sie am vorteilhaftesten, wenn der Hund steht.

Woran man oft nicht denkt

Ein ganz wichtiger Punkt ist die Reinhaltung des Afters. Schneiden Sie auch hier, nachdem Sie das Haar hochgebürstet haben, rund um die Afteröffnung mit einer runden Schere die Haare kurz. Verklebtes Haar wird ausgewaschen. Hinterher wird das restliche Haar wieder darübergebürstet. Achten Sie nicht darauf, kann es passieren, daß Ihr armer Hund sein Würstchen nicht mehr durch den „Wirwarr" bringt und ständig drückend im Garten sitzt. Über dem Schwanzstumpf bildet sich gerne ein dicker Haarklumpen; bürsten Sie diesen in die Höhe, und trimmen Sie eventuell mit einer Effilierschere diesen Klumpen vorsichtig auseinander; Strähne für Strähne, so daß es nicht mehr überhängt und nicht mehr so dick ist. Wenn Sie das Har dann nach oben und zur Seite bürsten, soll er von hinten schön rund ausschen.

Bürsten Sie den Rücken bis kurz vor die Schulterblätter gegen den Strich, soll die Hinterpartie aussehen wie eine überdimensonale Puderquaste und gleichzeitig das beim Bobtail erwünschte Überbautsein der hinteren Partie betonen. Die ausgekämmte Wolle Ihres Hunde läßt

37

Wer spielt mit mir?

sich im übrigen sehr gut verspinnen. Wenn Sie geschickt genug sind, können Sie das selbst machen.

Ich fand in Bayern eine Handweberei, die mir die Wolle, versetzt mit etwas Schafwolle, verspinnt. Auch zu Couchdecken läßt sich die Wolle verweben. Hierzu sollten Sie die sauberen ausgekämmten Haare aufheben, am besten in einem Plastiksack. Die aus Bobtailwolle gestrickten Pullover und Jacken sind enorm warm und erinnern an Angorawolle. Auf „Crufts Dog Show" in London werden an verschiedenen Ständen aus Bobtailwolle gestrickte Sachen zu recht hohen Preisen verkauft.

Ekzem. Eine juckende, nicht ansteckende Entzündung der Haut. Auch hier meist bedingt durch unsachgemäßes Füttern oder Verfilzung des Haares. Futterumstellung, gute Pflege und der Rat des Tierarztes sind erforderlich.

Allergien. Ab und zu bei Welpen zu beobachten, die zum Beispiel keine Eier vertrugen. Es bildeten sich kleine Pustelchen, die nach Futterumstellung aber wieder verschwanden.

Geschwülste. Gewächse oder Tumoren sind immer Sache des Tierarztes.

Ausstellungen

Bedenken Sie, Champion mal Champion gibt noch lange keinen Champion. An Ihnen liegt es, durch gute und richtige Fütterung, Training und Pflege die vorhandenen guten Eigenschaften Ihres Hundes zu fördern und herauszuarbeiten. Hierzu möchte ich Ihnen einige Tips geben.

Formalitäten

Zuerst die verschiedenen Ausstellungsarten, die es gegenwärtig gibt: Da sind zunächst einmal die Clubschauen, bei denen nur die Rassen des Clubs für Britische Hütehunde gezeigt werden. Diese Schauen sind sehr geeignet, mit einem noch nicht ausstellungsgewohnten Hund hinzugehen. Hier lernt er (und sein Führer) den Schaubetrieb am ehesten kennen. Dann als nächstes kommt die Spezial-Clubschau, an der schon eine Portion mehr verlangt wird und wo sehr oft auch das CAC, die Anwartschaft für den Landes-Champion (wie Deutscher – Schweizer – Österreicher Champion usw.) vergeben wird, sowie die Anwartschaft für den VDH-Sieger in Deutschland.

Danach kommen die internationalen Ausstellungen, auf denen meist an zwei Tagen alle Hunderassen vertreten sind. Hierbei ist aus dem Programm zu ersehen, an welchem Tage Sie zur Ausstellung müssen. Auf diesen Ausstellungen wird auch die Anwartschaft auf den Internationalen Champion vergeben, das heißt das „Certificat d'aptitude au Championnat International de Beauté" (abgekürzt: CACIB). Dieser Titel muß viermal in drei verschiedenen Ländern unter drei verschiedenen Richtern errungen werden. Eines der vier CACIB muß im Land des Wohnsitzes des Eigentümers des Hundes errungen werden oder im Ursprungsland der Rasse. Zwischen der ersten und letzten Auszeichnung muß eine Frist von zwölf Monaten liegen, um den Hund dann bei der FCI für den Titel einreichen zu können.

Ehe Sie die Meldeformulare anfordern, müssen Sie darauf achten, ob die Ausstellung von der FCI (Fédération Cynologique Internationale) anerkannt und genehmigt ist. Dies ist auf den Anmeldeformularen der der FCI angeschlossenen Vereine deutlich sichtbar vermerkt.

Alle internationalen Hundeausstellungen des Jahres, die von der FCI genehmigt sind, werden in Deutschland im „Rassehund" und in der Schweiz in der Zeitschrift „Hunde" publiziert. Das Meldeformular sollten Sie gründlich durchlesen, um den Hund dann in der richtigen Klasse zu melden.

Es wird meist folgendermaßen unterschieden: Jugendklasse-Hunde im Alter von neun bis achtzehn Monaten und die offene Klasse. Hier werden alle Hunde gemeldet, die in keiner anderen Klasse gemeldet werden können oder sollen. Das Alter nach oben spielt in der offenen Klasse keine Rolle, es ist daher auch kein Wunder, daß diese Klasse immer mit der höchsten Meldezahl belegt ist. Hier ist es für die Hunde oft sehr schwierig, sich in den vorderen Rängen zu plazieren.

Die Zuchtklasse gibt es nur auf den clubinternen Ausstellungen, nicht auf den internationalen. Sie ist für Hunde bestimmt, die noch im Besitz des Züchters stehen. Die Siegerklasse ist für Hunde mit anerkanntem Siegertitel wie der „Internationale Schönheitschampion" und so weiter gedacht. Zu erwähnen ist hier noch die Ehrenklasse. Die hier gezeigten Hunde stehen nicht in Konkurrenz zu den anderen Klassen. Voraussetzung ist aber, daß sie schon erste Preise vorweisen können. Zu beachten ist hier noch folgendes: Importhunde müssen oder sollten in dem Land des Wohnsitzes des Besitzers in dem für dieses Land zuständigen Zuchtbuch eingetragen sein.

Wenden Sie sich daher rechtzeitig an die entsprechende Zuchtbuchstelle oder die Spezialclubs, die Ihnen gerne behilflich sind und Ihnen die zu beschreitenden Wege erläutern.

Ringdressur

Unter Ringdressur verstehen wir keine Dressur im herkömmlichen Sinn, sondern: Der Hund sollte anständig an der Leine gehen, und zwar auf Ihrer linken Seite und den Kopf erhoben halten. Wenn es der Richter wünscht, soll er unter Ihrer Anleitung den Paßgang zeigen (auf Tempo achten!) sich ohne Gegenwehr anfassen lassen (bei Rüden auch die Hoden) und sich den Fang öffnen lassen, damit das Gebiß beurteilt werden kann. Es ist daher erforderlich, daß Ihr Hund von frühester Jugend daran gewöhnt wird, daß er sein Gebiß anschauen läßt.

Paßgang zeigt „Wodka vom Töpferhof"

Gewöhnen Sie Ihren Hund auch frühzeitig an die etwas leichtere Ausstellungsleine. Eventuell gehen Sie mal mit ihm auf einen in der Nähe gelegenen Hundeübungsplatz, da lernt er, mit anderen Hunden Kontakt aufzunehmen, und der Übungsleiter wird Ihnen sicher gerne behilflich sein.

Aber auch hier: „Aller Anfang ist schwer" und „Es ist noch kein Meister vom Himmel gefallen!" Geduld und Konsequenz sind alles. Schauen Sie Ihren Hund kritisch an, ob er den im Standard genannten Punkten entspricht, ob er nicht zu fett oder zu dünn, aber auch gut bemuskelt ist.

Finden Sie auch mit Hilfe einer zweiten Person heraus, in welchem Tempo Ihr Hund den Paßgang zeigt. Schauen Sie, daß Ihr Hund den Kopf gehoben trägt, wenn er im Ring marschiert. Vielleicht fördern Sie es mit einer kleinen Leckerei in Ihrer Hand.

Kondition

Ein Hund, der auf Ausstellungen gezeigt werden soll, muß immer bezüglich der Haarpflege in Ausstellungskondition sein. Sie können keinen verfilzten Hund acht Tage vor einer Schau in Topkondition bringen. Ist er aber Ihrer Meinung nach so in Form, daß Sie meinen, es wagen zu können, so nehmen Sie ihn sich zwei Wochen vor der Schau vor, trimmen alles, was zu trimmen ist. Besehen Sie sich Ohren, Nacken und Schultern, prüfen Sie die Zähne, ob sie sauber sind.

Nach dem Zurechtmachen das Oberhaar leicht in diese Richtung bürsten, damit der Fersenhöcker möglichst niedrig angesetzt erscheint

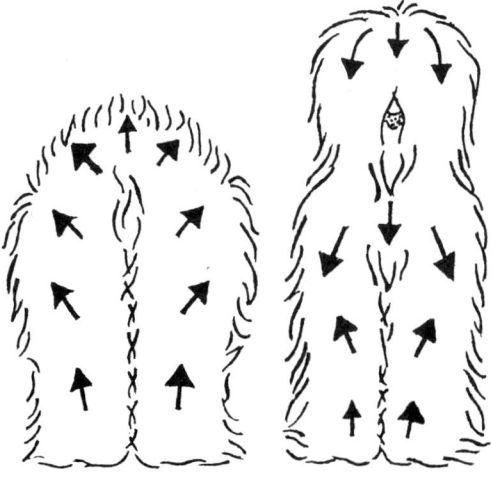

Richtung der Bürstenstriche beim Zurechtmachen, damit das Haarkleid die wünschenswerte Form hervorkehrt

Bürstenrichtung
a. Hinteransicht
b. Vorderansicht

42

Braucht er ein ganzes Bad, so sollte dies spätestens zehn Tage vor der Ausstellung erfolgen; warten Sie zu lange, ist das natürliche Fett des Haares ausgewaschen, das Haar ist zu weich und läßt sich nicht in die von Ihnen gewünschte Form bringen. Die weißen Teile können Sie am Abend vor der Ausstellung nochmals baden, wenn es nötig ist. Doch kommen Sie nie mit einem schmutzigen und ungepflegten Bobtail in den Ring, er hätte kaum eine Siegerchance, und dies ist keine Werbung für unsere Rasse. Zwei bis drei Tage vor der Ausstellung bürsten Sie Ihren Hund nochmals gut durch, mehr ist bis zum Tag der Ausstellung nicht erforderlich. Erst dort machen Sie ihn, bevor Sie in den Ring gerufen werden, zurecht, wie Sie das zu Hause geübt haben, und wie ich es im Kapitel über die Fellpflege dargestellt habe.

Wir fahren zur Ausstellung

Für die Ausstellung nehmen Sie sich Bürste, Kamm, ein bißchen Trockenshampoon, Frottiertuch, ein Kissen oder Decke, einen Napf und, wenn Sie übernachten müssen, auch noch Futter für Ihren Hund mit. Für Sie selbst ist es sehr ratsam, Klappstühle mitzunehmen. Der Tag ist lang, wenn man andauernd stehen muß. Vor allem sollten Sie auch bequeme Kleidung tragen und entsprechendes Schuhwerk anziehen. Regenschutz nicht vergessen! Oft finden die Ausstellungen im Freien statt. Auf mancher Ausstellung sind die Boxen offen. Hier ist es ratsam, noch eine Kette zum Festlegen des Hundes mitzunehmen.

Legen Sie sich am Tag vor der Ausstellung alles bereit: die Ihnen zugeschickte Annahmekarte, den Internationalen Impfpaß und eine Fotokopie der Ahnentafel. Starten Sie früh genug, damit Sie sich nicht abhetzen müssen und nervös werden. Der Hund sollte vor dem Eintritt in die Ausstellung noch mal gut ausgeführt werden, damit er alle seine Bedürfnisse erledigen kann. Müssen Sie längere Zeit warten, bis die Reihe an Ihnen ist, so gehen Sie mit Ihrem Hund auf dem Ausstellungsareal zuvor noch mal zum „Hundeklo". Es ist unerwünscht und macht keinen guten Eindruck, wenn Ihr Hund im Ring seine Visitenkarte hinterläßt. Seien Sie nicht nervös, es überträgt sich aufs Tier, es sitzen ja keine Ungeheuer im Ring, und gewinnen kann sowieso nur einer. Wenn Sie es diesmal nicht sind, so geht die Welt nicht unter. Vielleicht reicht es dann auf der nächsten Schau.

Wir sind im Ring

Im Ring selber befolgen Sie genau das, was Ihnen der Richter sagt. Ist der erste Durchgang vorbei, fummeln Sie nicht dauernd an Ihrem Hund herum, gönnen Sie ihm auch einen Moment Ruhe. Dann stellen Sie ihn wieder schön hin, wenn Sie merken, daß der Richter Vergleiche ziehen will. Versuchen Sie, Ihr Tier leicht und locker vorzuführen, ohne jede Gewalt. Bedenken Sie, daß alles für ihn neu ist und nicht seine gewohnte Umgebung. Und vor allem, auch ein Hund kann mal einen Tag haben, an dem er keine Lust hat. Wir sollten nie vergessen, daß es ein Lebewesen ist mit guten und schlechten Tagen, aber kein Roboter. Seien Sie fair mit Ihren Konkurrenten, sie haben die gleichen Probleme wie Sie. Vielleicht meistert ein anderer es diesmal besser und bekommt den begehrten ersten Platz. Dann wäre es nett, und Sie brechen sich keine Zacke aus der Krone, wenn Sie ihm zu seinem Sieg gratulieren. Für Sie bleibt Ihr Hund ja doch der liebste und schönste! Noch eins, füttern Sie Ihren Hund am Morgen des Ausstellungstages nicht, erst wenn alles vorbei ist.

Nun haben Sie auch Zeit, sich mit den anderen Bobtailleuten zu unterhalten, und ich bin sicher, so manche Freundschaft nahm dort ihren Anfang. Sie werden merken, auf jeder Ausstellung, wo auch immer, werden Sie etwas dazulernen, das Ihnen beim nächsten Mal zum Vorteil gereicht.

Zu Ihrer Information möchte ich noch erklären, wie die Beurteilung gehandhabt wird: „Vorzüglich" darf nur einem Hund zuerkannt werden, der dem Idealstandard der Rasse sehr nahekommt, in ausgezeichneter Kondition vorgeführt wird, die typischen Merkmale seines Geschlechtes besitzt, ein harmonisches und ausgeglichenes Wesen ausstrahlt. „Sehr gut" wird dem Hund zuerkannt, der die typischen Merkmale seiner Rasse besitzt, ausgeglichene Proportionen hat und in guter Verfassung ist. Man wird ihm einige Fehler verzeihen, doch auch dieses Prädikat wird nur einem Klassehund verliehen.

„Gut" ist einem Hund zuzuteilen, der die Hauptmerkmale seiner Rasse zwar besitzt, aber einige Fehler aufweist. Diese Hunde sind zur Zucht nicht mehr geeignet. „Befriedigend" wird verteilt, wenn ein Hund, auf den Standard bezogen, schwerwiegende Fehler aufweist, die die Rassekennzeichen gar nicht oder nur wenig zur Erscheinung kommen lassen. Auch diese Hunde sind nicht zur Zucht geeignet.

Wandern, unsere größte Freude . . .

Ein Hund, der in der Jugendklasse ausgestellt wird, wird als höchste Bewertung „sehr gut" bekommen. Ein Hund, in der Jüngsten-Klasse auf Spezialzuchtschauen ausgestellt, erhält als beste Bewertung „vielversprechender Nachwuchs". Wer diese Bewertungen liest, der kann erkennen, wie hoch die Ansprüche sind, die besonders an die Formwerte „vorzüglich" und „sehr gut", gestellt werden. Empfinden Sie es deshalb nicht als Katastrophe, wenn Ihr Bobtail mal mit einem „sehr gut" bewertet wird. Für Sie sollte Ihr Hund – gleich welche Bewertung er erhält – immer der gute Freund und Kamerad bleiben, der er bis dahin schon war.

Bobtailzucht – ja oder nein?

Nennen Sie eine Hündin Ihr eigen, so stellt sich vielleicht doch mal die Frage: züchten, ja oder nein? Ich kann Ihnen nur sagen, es muß nicht sein. Unsere Älteste, Internationaler Champion, Donna von St. Fridolin, hat nie in ihrem Leben Welpen gehabt und ist mit ihren nun zwölf Jahren immer noch munter und fidel.

Vorbedingung

Wollen Sie nun mit Ihrer Hündin oder Ihrem Rüden züchten, so versteht sich von selbst, daß die Hunde in allerbester Kondition sein sollten, nicht zu dick und nicht zu dünn. Vorher müssen sie auf einer Ausstellung gezeigt werden, wo sie auch angekört werden. Hierzu ist eine vorherige Röntgenuntersuchung auf Hüftgelenksdysplasie notwendig. Die Aufnahme wird an einer Universität ausgewertet, das Resultat dem Zuchtbuchamt mitgeteilt, von dem Sie dann Bescheid bekommen, ob Ihr Tier zuchtfähig ist (gleich, ob Rüde oder Hündin).

Bedenken Sie, daß der Bobtail eine große Rasse ist, und ein Wurf von sechs und mehr Welpen keine Seltenheit. Hierfür braucht man Platz, viel Platz. Einen solchen Wurf kann man nicht in einem Badezimmer oder auf dem Balkon großziehen. Denen, die mit dem Gedanken spielen, sei gesagt, daß die Aufzucht eines Bobtailwurfes viel Arbeit macht und man viel persönliche Freiheit opfern muß, wenn man es gut machen will. Die Welpen beanspruchen Sie vor allem ab der vierten bis fünften Woche bis zur Abgabe voll und ganz.

Importhunde, mit denen gezüchtet werden soll, müssen in das Zuchtbuch eingetragen werden, das für das Land des Besitzers zuständig ist. Hier ist beim Kauf des Hundes darauf zu achten, daß die Papiere (Ahnentafeln) von einem der FCI (Fédération Cynologique Internationale) angehörenden Klub ausgestellt worden sind. Beraten Sie sich mit anderen Bobtailzüchtern, die Ihnen gerne aus ihren Erfahrungen heraus helfen werden.

Bobtailhündinnen sollten nicht vor einem Alter von 18 Monaten das erste Mal belegt werden, ideal ist ab zwei Jahren. Hier sind auch die Reglements der einzelnen Rasseklubs in den deutschsprachigen Ländern zu beachten, die gerne Auskunft erteilen, auch in der Partnerwahl.

Will man mit einer Hündin züchten, so sollte man sich zur Regel machen, daß der erste Wurf vor dem vierten bis fünften Lebensjahr erfolgen soll. Die Elastizität der Bänder und Gelenke im Bereich des Beckens nimmt im Alter ab, und die Komplikationen bei der Geburt mehren sich. Bis zu welchem Alter eine gute Zuchthündin verwendet werden soll oder besser kann, hängt ganz allein von deren Kondition ab. Ein gewissenhafter Züchter wird hier selbst entscheiden.

Die Hitze

Bobtailhündinnen werden in der Regel mit zehn bis zwölf Monaten das erste Mal läufig, danach in Intervallen von etwa sechs Monaten. Doch die Variationsbreite bei den einzelnen Tieren ist hier ganz verschieden. Wir haben Hündinnen, die fast auf den Tag alle sechs Monate läufig werden, solche, die einmal viereinhalb bis fünf Monate brauchen, und solche, die sieben Monate und länger sich Zeit lassen. Hier hilft Ihnen nur, daß Sie Ihre Hündin gut beobachten, um ihren speziellen Rhythmus herauszufinden.

Die Hitze dauert etwa 21 Tage. Zuerst bemerken Sie einen klaren Ausfluß, die Scheide schwillt langsam an, dann beginnt die Blutung. Dieses dauert etwa elf bis zwölf Tage, dann wird der Ausfluß hell oder stoppt ganz. Die Scheide wird etwas kleiner und sieht aus wie ein verschrumpeltes Äpfelchen. Dies ist der Zeitpunkt, an dem die Hündin deckreif ist. Solange sie dunkel blutet, ist nichts zu wollen.

Der sichtbaren Brunst geht eine Vorbrunst voraus, die aber häufig übersehen wird. Rüden merken dies aber bereits am veränderten Körpergeruch der Hündin. Die Hündinnen selber aber setzen in dieser Zeit viel öfter und in kleineren Mengen Harn ab und scharren mit den Hinterbeinen, um eine möglichst große Duftmarke zu setzen. Durch diesen spezifischen Brunstgeruch der Hündin kommt nun auch der (oder die) Rüde(n) in Brunststimmung. Dies ist für Sie das Alarmsignal, besonders auf Ihre Hündin achtzugeben, um keinen unerwünschten Nachwuchs zu erhalten.

47

Bobtail-Ballett

Haben Sie nun doch den Wunsch, mit Ihrer Bobtailhündin zu züchten, und alle Vorbedingungen erfüllt, so sollten Sie sich nach einem zu Ihrer Hündin passenden Deckrüden umsehen. Nicht der nächstbeste um die Ecke! Studieren Sie die Stammbäume der einzelnen Tiere, schauen Sie sich – wenn möglich – die Elterntiere an! Und verfallen Sie nicht dem Gedanken, Champion × Champion = Champion! Hierzu verweise ich auf das Buch von Herrn Dr. H. C. Räber „Brevier neuzeitlicher Hundezucht". Reden Sie frühzeitig mit dem Deckrüdenbesitzer, und zwar schon vor der Läufigkeit Ihrer Hündin, und sagen Sie ihm, wann es ungefähr soweit ist. Gerade bei Hündinnen, die das erste Mal belegt werden, heißt es ausprobieren, welcher Tag der richtige ist, „wann sie steht".

Für Deckrüdenbesitzer ist es auch nicht gerade angenehm, wenn jemand anruft und sagt, „meine Hündin ist seit 14 Tagen läufig, kann ich heute zum Decken kommen?" Oft ist es schon zu spät und die Enttäuschung groß, wenn es nicht klappt. Also planen Sie alles frühzeitig, und oberstes Gebot ist Geduld und nichts forcieren!

Halten Sie sich bitte immer vor Augen: Züchten heißt nicht vermehren, sondern die Rasse verbessern!

Sommer- oder Winterwurf

Die Hündinnen sind in bezug auf ihre Hitze nicht einheitlich auf Frühjahr oder Herbst festgelegt. So fallen dann auch Würfe über das ganze Jahr verstreut. Doch läßt sich feststellen, daß ein großer Teil der Würfe zwischen März und Mai sowie zwischen Oktober und Dezember fällt. So hat der Züchter die Wahl zwischen Sommer- und Winterwürfen. Einen schlüssigen Beweis dafür, daß – wie oft behauptet – Sommerwürfe gesünder und kräftiger seien, kann ich nicht bestätigen. Wir ziehen seit Jahren Sommer- und Winterwürfe auf und haben nie irgendwelche Unterschiede im Wachstum und der Vitalität der Welpen und Junghunde feststellen können.

Es gilt hier einfach, folgende Punkte zu überlegen: Bei Winterwürfen brauchen Sie einen heizbaren, gegen Nässe und Kälte gut isolierten Raum. Der Auslauf sollte sonnig sein und rasch trocknen. Sommerwürfe können dagegen ohne Heizung aufgezogen werden. Doch zubereitetes Futter kann vor allem im Hochsommer sehr schnell verderben. Wegen der vielen Fliegen und anderen Insekten müssen Futterreste,

49

Mutterglück; Bobtailhündin mit fünf Wochen alten Welpen

aber auch der Kot, möglichst schnell entfernt werden. Sie sehen, beides hat seine Vor- und Nachteile. Für Sie als Züchter jedoch sollte dieser Punkte eine wichtige Rolle spielen: Bei optimaler Haltung und Fütterung werden Ihre Welpen sowohl im Sommer als auch im Winter gut gedeihen.

Wir fahren zum Deckrüden

Ist nun der richtige Zeitpunkt gekommen, um mit der Hündin auf Hochzeitsreise zu gehen, der Deckrüdenbesitzer frühzeitig informiert und der Termin abgemacht, so nehmen Sie sich für diesen Tag nichts anderes mehr vor. Nicht immer klappt die Sache auf Anhieb und ist in einer Stunde erledigt. Viele Hündinnen wollen umworben sein. Gerade beim Bobtail haben wir mitunter Schwierigkeiten. Meist liegt es jedoch daran, daß der richtige Zeitpunkt nicht beachtet wurde. Sowohl die Hündin als auch der Rüde sollten sich vor dem Deckakt gut entleeren können. Auch sollte man die Tiere nie kurz vorher füttern. Es kommt vor, daß Rüden sich durch die Erregung erbrechen müssen. Manchmal deckt ein Rüde nach dem Erbrechen sofort, es kann aber passieren, daß es mit der Decklust über Stunden vorbei ist.

Ist die Hündin noch nicht in der richtigen Brunstphase, wird sie versuchen, den Rüden wütend abzubeißen. Junge Rüden, die noch nie gedeckt haben, lassen sich dadurch so einschüchtern, daß oft ein Deckakt an diesem Tag aussichtslos ist. Man sollte daher seine Hündin gut beobachten. Zieht sie den Rücken hoch und trippelt mit den Hinterfüßen, so ist das ein Zeichen, daß sie deckreif ist.

Der Deckakt selber sollte – wenn möglich – im Freien erfolgen. Mit so wenig Zuschauern wie möglich, damit die Tiere nicht abgelenkt werden. Steht die Hündin und steigt der Rüde auf, so ist es eventuell gut, die Hündin am Halsband von vorne zu halten, sobald der Rüde sich aufzieht. Viele Rüden mögen es aber gar nicht, wenn geholfen wird. Dann muß man entsprechend vorsichtig zu Werke gehen. Hängen die Hunde, und hat der Rüde abgedreht, so kann es von Vorteil

Ein Korb voll ungetrübter Lebenslust

Ich nehme es sogar mit einem Afghanen auf!

sein, die Tiere zu halten, damit sie nicht auseinanderziehen und sich verletzen.

Das Hängen dauert fünf bis 50 Minuten. Während dieser Zeit erfolgt die Samenabgabe des Rüden in drei Phasen. Die eigentliche Samenflüssigkeit ist stark verdünnt mit Sekreten aus der Vorsteherdrüse. Man nimmt an, daß der Rüde ein- bis eineinhalb Milliarden Samenzellen abgibt, von denen etwa sechs bis zwölf zur Verschmelzung mit einer Eizelle kommen.

Nach dem Lösen des Rüden nimmt man die Hündin angeleint für einen kurzen Gang, auf dem man verhindert, daß sie ein Bächlein macht.

Anschließend gibt man ihr wenigstens eine Stunde Ruhe. Ein Nachdecken am nächsten Tag ist von Vorteil, vor allem, wenn man sichergehen will und eine weite Reise zum Rüden gemacht hat.

Aber auch einige Tage danach muß man die noch heiße Hündin unter sicherer Aufsicht halten!

Die Trächtigkeit

Die Tragzeit beim Hund beträgt im Durchschnitt 63 Tage. Hierzu möchte ich anfügen, daß Bobtailhündinnen oft früher werfen. Würfe am 59./60. Tag sind keine Seltenheit. Nach abgeklungener Hitze bedarf die Hündin keiner besonderen Aufmerksamkeit. Man wird auch in den ersten Wochen keine besonderen Veränderungen wahrnehmen. Erst so ab der dritten Woche wird man durch die Verhaltensänderung der Hündin auf eine Trächtigkeit schließen können. Sie zeigt jetzt ein großes Schlafbedürfnis und legt sich vor allem in den sonnenarmen Zeiten mehr als sonst in die Sonne. In dieser Zeit kann es auch möglich sein, daß sie sich einige Male erbricht. Das ist ein Zeichen, daß sich ihr Stoffwechsel den veränderten Bedingungen anpaßt.

Einige meiner Hündinnen fressen um diese Zeit fast gar nichts. Da sie aber in guter Kondition sind, schadet das überhaupt nicht. Sie holen das vor allem in den letzten Wochen der Trächtigkeit immer wieder auf. Oft müssen wir sogar etwas bremsen. Denn eine Überfütterung mit Fettleibigkeit würde die Geburt nicht erleichtern. Daher werden die Hündinnen auch jeden Tag mit auf die Spaziergänge genommen. Erst mit fortschreitender Trächtigkeit werden die Hündinnen von selbst ruhiger.

Alle diese Anzeichen, sogar mit Gewichtszunahme, haben wir auch bei Hündinnen erlebt, die scheinträchtig waren. Bei trächtigen Hündinnen haben wir als sicheres Zeichen der Trächtigkeit einen glasigen Ausfluß aus der Scheide ab etwa der vierten Woche beobachtet, der mit Fortschreiten der Trächtigkeit zunimmt. Bei scheinträchtigen Hündinnen beobachtcten wir diesen Ausfluß nie. Erst ab der fünften bis sechsten Woche kann man eine zunehmende Leibesfülle konstatieren; bei dem voluminösen Fell des Bobtails ist dies oft sehr schwer zu erkennen. Nur wer seine Hündinnen wirklich gut kennt, wird die Veränderung feststellen können.

Ab der achten Woche allerdings spürt man beim Auflegen der Hand im Bereich des unteren Rippenbogens, wie sich die Jungen bewegen. Liegt die Hündin komplett entspannt neben Ihnen, so kann man die Bewegungen sehr gut beobachten. Im letzten Drittel der Trächtigkeit erhalten unsere Hündinnen drei Mahlzeiten am Tag, wobei die Fleischrationen nun ordentlich erhöht werden müssen. Im Winter geben wir zusätzlich Vitaminpräparate, wie zum Beispiel Lebertran.

53

Mutterhündin mit Welpen, vier Wochen alt

Ungefähr 14 Tage bis drei Wochen vor dem zu erwartenden Wurf ist es gut, den Wurfraum und die Wurfkiste vorzubereiten und die Hündin an diesen Ort zu gewöhnen. Die Wurfkiste sollte so groß sein, daß sich Ihr Bobtail darin voll ausgestreckt hinlegen kann. Die Ränder sollten so hoch sein, daß die Welpen nicht rausfallen können. Der Boden der Wurfkiste darf nicht zu weich sein, da es sonst passiert, daß die Bobtailhündin mit ihrem dicken Pelz die Jungen nicht spürt und sich auf sie legt und sie erdrückt. Der Platz der Wurfkiste sollte an einem ruhigen, vor Zugluft geschützten Ort sein. Sie sollten auch einige Tage vor dem Werfen der Bobtailhündin die Haare um die Zitzen abschneiden und das Gesäuge mit einer milden Desinfektionslösung waschen.

Wir verständigen etwa eine Woche vor dem Wurftermin unseren Tierarzt, damit er im Notfall erreichbar ist. Ganz wichtig ist, vor dem Decken sowie in der ersten Hälfte der Trächtigkeit die Hündinnen zu entwurmen.

Bei nicht tragenden Hündinnen mit eitrigem Ausfluß ist immer der Tierarzt zu konsultieren (Gebärmutterentzündung usw.).

Geburt

Für die Geburt (das Wölfen oder Werfen) legen Sie sich folgendes zurecht: Ein oder zwei weiche Frottiertücher, eine scharfe Schere, Watte, Desinfektionsmittel, ein Röllchen Nähseide und etwas zum Schreiben für die Notizen, die eventuell für den Tierarzt wichtig sein können. In der kälteren Jahreszeit eine Rotlichtlampe.

Anhand folgender Beobachtungen kann der Züchter darauf schließen, daß das Werfen bevorsteht: Ungefähr 24 Stunden zuvor verweigert die Hündin jegliche Nahrung. Sie wird unruhig, wechselt häufig das Lager, versucht Nester zu machen. Oft ändert sich auch ihr Wesen, sie wird besonders gegen andere Hunde aggressiv. Durch die stärkere Durchblutung der Geburtswege ist nun auch die Vulva geschwollen, bei manchen Hündinnen kann es auch schon zur Milchabsonderung kommen. Unsere Shaggy verliert schon zwei bis drei Tage vor der Geburt Milch, bei unseren anderen Hündinnen schießt erst nach dem Werfen des ersten bis zweiten Welpen die Milch ein. Wenn der Schleim aus der Scham sich grünlich färbt, pflegt die Geburt unmittelbar bevorzustehen. Es ist dann selbstverständlich, daß man das Tier in den dafür vorbereiteten Raum bringt, möglichst ohne Zuschauer. Es sollten sich nur die Personen um die Hündin kümmern, mit denen sie vertraut ist. Besonders Hündinnen, die das erste Mal werfen, sind oft nervös und unruhig. Hier ist es nötig, das Tier zu beruhigen und selbst die Nerven zu behalten. Dazu sollten Sie aber etwas über den normalen Geburtsvorgang wissen. Er wird unter Beteiligung des Nervensystems im wesentlichen hormonal gesteuert, wobei die Hormone vom Eierstock, der Hypophyse (Hirnanhangdrüse) und der Placenta (Mutterkuchen oder Nachgeburt) geliefert werden.

Das Werfen spielt sich in zwei Phasen ab. Die erste ist die „Eröffnungsphase", die durch die sogenannten Eröffnungswehen eingeleitet wird. Diese treiben den dem Gebärmutterausgang am nächsten gelegenen Welpen (in diesem Stadium noch Föten genannt) in die Geburtswege ein, welche durch die mit Fruchtwasser gefüllten Embryonalhüllen langsam erweitert bzw. geöffnet werden. Diese Eröffnungsphase dauert ungefähr zwei bis acht Stunden. Es ist dies die Zeit, in der die Hündin meist unruhig ist, winselt, raus will, sich hinlegt, um gleich wieder aufzustehen. Durch Platzen der äußeren Fruchtblasenhülle wird nun, mit Scheidenschleim vermischt, eine Portion Fruchtwasser

Wer ist der Schönste im ganzen Land?

ausgepreßt, wodurch die Geburtswege feucht und schlüpfrig werden.

Mit dem Einsetzen der Preßwehen wird die zweite, die sogenannte Austrittsphase, eingeleitet. Sobald die Wehen in einem Abstand von ungefähr zehn Minuten kommen, kann mit einem baldigen Austritt des ersten Welpen gerechnet werden. Er sollte jedenfalls drei Stunden nach Einsetzen der Preßwehen gekommen sein. Ich mache mir daher von Anfang an Notizen, um im Bedarfsfall dem Tierarzt genaue Auskunft geben zu können. Die gesamte Austrittsphase dauert je nach Größe des Wurfes acht bis zwölf Stunden. Die einzelnen Welpen werden in Abständen von einigen Minuten bis zu zwei Stunden zur Welt gebracht. Normalerweise wird die Fruchtblase als erstes in der Vulva sichtbar. Die Hündin wird sich nunmehr vermehrt hinten lecken. Die Austreibung dauert normalerweise nur einige Minuten.

Sobald der Welpe geboren ist, wird eine instinktsichere Hündin sofort die den Welpen umgebende Hülle aufreißen und das Junge kräftig lecken. Die Nachgeburt (Placenta), die sich schon während der Preßwehen von der Gebärmutter gelöst hat, wird von der Hündin gefressen. Jeder Welpe hat seine eigene Placenta, sie hängt an der

Nabelschnur des Welpen und wird fast gleichzeitig mit diesem ausgestoßen. Die Nabelschnur beißt die Hündin durch.

Doch kann es gerade bei Hündinnen, die das erste Mal werfen, passieren, daß sie so mit sich selber beschäftigt sind, daß sie den Welpen einfach liegenlassen. Greift man hier nicht helfend ein, so muß der Welpe ersticken. In diesem Fall nehmen Sie das Junge und reißen mit der Hand die Fruchtblasenhülle auf, damit das Neugeborene atmen kann. Oft genügt es, danach der Hündin den Welpen hinzuhalten, und sie wird das Tierchen eifrig lecken. Tut sie das nicht, muß man dem Welpen Nase und Mäulchen mit einem Wattebausch reinigen. Ich lege ihn dann in ein weiches Frottiertuch und massiere vorsichtig so lange, bis er kräftig schreit.

Bei fast allen meinen Hündinnen hat dieser erste Schrei Wunder gewirkt, und sie haben später alles selbst gemacht. Bei einer unserer Hündinnen passiert es hin und wieder, daß die Fruchtblase schon im Geburtskanal platzt und das Junge ohne das „Säckchen" auf die Welt kommt und scheinbar tot ist. Diese Welpen nehme ich sofort in ein Frottiertuch, säubere Nase und Mäulchen und versuche nun, durch eine Schwingbewegung das geschluckte Wasser zu entfernen. Sie nehmen dazu den Welpen, eingepackt in das Frottiertuch, aber so, daß der Kopf frei bleibt, in beide Hände, den Rücken des Welpen in Ihrer Handhöhle gebettet und schwingen ihn von Brusthöhe in Richtung Fußboden ein- bis dreimal. Fängt er dann an zu „prusten" (röcheln), haben Sie gewonnenes Spiel. Nun wird er ordentlich massiert und gesäubert, bis er laut quiekt.

Oft hat auch eine vorsichtige Mund-zu-Mund-Beatmung schon geholfen. Hierzu öffnen Sie zuerst vorsichtig das Mäulchen und ziehen die Zunge heraus, dann legen Sie Ihren Mund über Nase und Mäulchen und blasen vorsichtig. Gleichzeitig pressen Sie leicht die Rippenbögen zusammen, um die Luft wieder auszupressen, und zwar ungefähr viermal in der Minute. Wir haben auf diese Weise schon so manch totgeglaubten Welpen ins Leben gerufen, und ich muß sagen, es erfüllt einen mit viel Freude, wenn man bei dieser Mühe schließlich den ersten leisen Schrei hört, und das Tierchen dann zusehends rosiger wird und seine blaue Farbe verliert. Tote Welpen jedoch sollten Sie Ihrer Hündin wegnehmen, es kann sonst passieren, daß sie den Welpen frißt.

Beißt die Hündin – aus welchem Grund auch immer – die Nabelschnur nicht ab, so müssen Sie diese mit einer Schere durchtrennen. Warten Sie, bis diese blutleer geworden ist, also weiß erscheint, und schneiden Sie sie dann ungefähr drei Zentimeter vom Bauch entfernt durch. Vorsichtshalber kann man auch noch etwa einen Zentimeter von der Bauchdecke entfernt mit einem Seidenfaden unterbinden. Wir haben allerdings in all unseren Würfen nie einen Welpen durch Verbluten an der Nabelschnur verloren.

Die Placenta ist ein wichtiger Hormon- und Vitaminspeicher. Man sollte die Hündin nicht daran hindern, sie zu fressen. Es brauchen ja bei einem großen Wurf nicht alle zu sein, vor allem, da die Mutterhündin darauf mit Durchfall reagiert. In den Wehenpausen sind die meisten Hündinnen recht froh, wenn man ihnen ein wenig lauwarme Milch, eventuell mit etwas Kaffee, gibt. Ich persönlich mische unter diese Milch etwas Arobon-Nestle, um den durch das Fressen der Nachgeburten hervorgerufenen Durchfall schon von vornherein zu stoppen. Dies mit sehr gutem Erfolg. Ist das Wölfen vorbei und alles gutgegangen, so lassen Sie die Hündin mit ihren Welpen, die sie eifrig lecken und putzen wird, in Ruhe. Aber haben Sie hin und wieder ein wachsames Auge auf sie. Nach einigen Stunden sollte man sie dann am besten angeleint, auch gegen ihren Willen, ausführen, damit sie sich säubern kann. In dieser Zeit sollte eine zweite Person die Kinderstube in Ordnung bringen und alles reinigen und trocknen.In diesem Augenblick kann man auch die Welpen schnell mal auf die Waage legen, um dann, vor allem in den ersten Wochen, eine Kontrolle zu haben über das Gedeihen der Kleinen. Noch eins: Sauberkeit ist oberstes Gebot in der Kinderstube!

Wie Sie beim Lesen meiner Ausführungen über das Wölfen feststellen konnten, ist es wichtig, eine Hündin in diesen Stunden nicht sich selbst zu überlassen, sondern bei ihr zu sein, um im Notfalle helfend einspringen zu können. Aber auch bei einer normalen Geburt, in der die Hündin alles selber macht, werden Sie um ein entscheidendes Erlebnis reicher geworden sein. Andererseits ist es immer wieder faszinierend zu erleben, wie aus so einem Winzling (das Gewicht bei der Geburt des Bobtails schwankt zwischen 350 bis 700 g je nach Hündin) innerhalb von acht bis zehn Wochen ein richtiger Hund wird.

Schwierige Geburten gehören immer in die Hand des Tierarztes, ein Kaiserschnitt zur rechten Zeit ist heute kein Problem mehr, weder für die Mutterhündin noch für die Welpen. Wir selber hatten bei einer unserer Hündinnen folgendes Erlebnis: Sechs Welpen kamen normal, und wir dachten, die Geburt sei überstanden. Nach neun Stunden stellten sich aber erneut Preßwehen mit Abgang von Fruchtwasser ein.

Der sofort hinzugezogene Tierarzt stellte fest, daß der siebte Welpe quer lag. Ein Versuch, den Föten zu wenden, war erfolglos. So kam, schon zur Rettung der Hündin, nur noch ein Kaiserschnitt in Frage, der dann noch einen achten, leider aber schon toten Welpen zu Tage brachte. Die Hündin säugte die Jungen bereits im Zustand der abklingenden Narkose und erholte sich in kürzester Zeit von dem Eingriff.

Die Welpen

Ein gesunder Welpe fühlt sich nach 24 Stunden prall und warm an, hat eine laute, energische Stimme und krabbelt zielsicher mit kräftigen Bewegungen der Hinterextremitäten in Richtung seiner Nahrungsquelle, den Zitzen seiner Mutter, die er mit stoßenden Bewegungen der Vorderpfoten melkt. Welpen, die sich schlaff und kühl anfühlen, wie im Zeitlupentempo kriechen und eine dünne Piepsstimme haben, sind Todeskandidaten. Meist werden diese von der Mutterhündin schon zur Seite geschoben. Solche Welpen künstlich zu ernähren und am Leben zu halten, ist vergebliche Liebesmüh, sie gehen meist nach einigen Tagen von selber ein. Welpen, die anatomische Fehler aufweisen wie Spaltnasen, Hasenscharten und Gaumenspalten, lassen wir natürlich sofort einschläfern.

Bekanntlich hat der Hund an der Hinterhand vier Zehen, doch tritt hier gelegentlich die fünfte Zehe als Afterkralle auf, sogar als doppeltes Gebilde (sogenannter Doppelsporn). Am Vorderlauf sind noch die fünf ursprünglichen Mittelfußknochen vorhanden. Die fünfte Zehe aber sitzt so hoch, daß ihre Kralle beim Laufen den Boden nicht berührt und sich so die Hornscheibe der Nagelkralle nicht abnutzt. Sie wächst oft zu einem langen, säbelförmigen Gebilde, das sich mit der Zeit in den Ballen bohren kann und dann dem Hund Schmerzen bereitet. Wir entfernen daher beim Bobtail am zweiten oder dritten Lebenstag sowohl die hinteren als auch die vorderen Afterkrallen. Zur gleichen Zeit werden auch die Schwänze kupiert.

Bobtails werden so kurz wie irgend möglich kupiert und nicht, wie in manchen Büchern zu lesen ist, auf Schwanzlänge von zwei bis vier Zentimetern. Das Kupieren und Entfernen der Afterkrallen muß der

*Neun Wochen
alte Bobtailwelpen*

Tierarzt vornehmen und dafür eine Bescheinigung für den Klub ausstellen. Bei dieser Gelegenheit wird auch das Muttertier untersucht, um festzustellen, ob alles in Ordnung ist. Nur sollten Eingriffe an den Welpen nicht in Anwesenheit der Mutter vorgenommen werden, dies versteht sich wohl von selbst.

Wenn die Welpen etwa drei bis vier Wochen alt sind, ist es sehr wichtig, die Krallen an den Vorderläufen zu kürzen, damit das Gesäuge der Hündin durch die spitzen Nagelenden nicht ganz zerkratzt und wund wird. Man kann dadurch die Säugeperiode um einige Zeit verlängern.

Dieses Schneiden nimmt man am besten mit einer Pedikürzange vor, wie man sie zum Schneiden der Fußnägel braucht. Man muß aber darauf achten, nicht zu hoch anzusetzen, beziehungsweise nur im Weißen zu schneiden. Das rote Äderchen, welches gut zu sehen ist, darf nicht verletzt werden.

Am fünften bis sechsten Tag wird dann bei uns die erste Wurmkur gemacht, die im Alter von drei bis vier Wochen und einige Tage vor dem Impfen wiederholt wird.

Der alternde Hund

Viele Jahre haben Sie jetzt schon mit Ihrem „Bob" Freud und Leid geteilt, und nun merken Sie auf einmal, daß er nicht mehr so unbändig ist wie früher. So mit sechs bis sieben Jahren kommt der Hund in das etwas „gesetztere Alter". Der eine früher, der andere später. Tragen Sie diesem Umstand Rechnung; auch wir werden ja nicht jünger!

Trotz allem sollte auch der alternde Hund Ihre Aufmerksamkeit genießen, regelmäßiges Spazierengehen, vielleicht nicht mehr allzu große Märsche, gehören ebenso dazu wie eine gute vitaminreiche Nahrung. Unter Umständen geben Sie ihm lieber am Tage dreimal eine kleine Portion Futter, doch achten Sie darauf, daß Ihr Hund nicht fett wird. Das verlängert ganz entscheidend seine Lebenserwartung. Jährlich einmal zu einer tierärztlichen Kontrolle ist sicher von Vorteil. Auch in der Haarpflege sollten Sie nun nicht nachlässig werden. Langes Stehen ist für Ihren Hund, je älter er wird, mühsam. Kürzen Sie das Haar mit der Schere auf ein vernünftiges Maß, dann haben Sie mit wenigen Bürstenstrichen am Tag immer einen noch gutaussehenden Bobtail. Vor allem auch die Zähne müssen regelmäßig kontrolliert werden, ebenso wie die Krallen, die sich vielleicht nicht mehr so stark ablaufen wie in früheren Jahren.

Vor Feuchtigkeit und Nässe sollte er geschützt werden, damit er möglichst keinen Rheumatismus bekommt. Doch viel frische Luft und Sonne werden ihm gut tun.

Der Prozeß des Alterns ist aber individuell sehr verschieden und hängt von der Haltung in früheren Jahren ab. So gibt es Bobtailrüden, die mit zehn Jahren noch ohne weiteres zur Zucht genommen werden können. Eine mir bekannte Hündin bekam mit neun Jahren noch einen wunderschönen Wurf, den sie ohne Schwierigkeiten aufzog. Allein ausschlaggebend sind hier die Kondition und Konstitution.

Die Ernährung und die Haltung sowie die Pflege wirken sich nun entscheidend aus. Bei einem von Anfang an gut gepflegten und sachgemäß ernährten Bobtail haben Sie auch im Alter noch immer einen schönen Hund, der Temperament bis ins hohe Alter zeigt. Doch muß man davon ausgehen, daß der Bobtail, wie jeder andere Hund auch, im Alter schlechter hören und sehen kann. Bisweilen kommt es zur völligen Taubheit oder Erblindung. Dies ist aber keineswegs ein Grund, seinen Hund deshalb einschläfern zu lassen. Natürlich braucht ein Hund in diesem Zustand viel Geduld und Verständnis. Aber da beide Leiden meist nicht gemeinsam auftreten, wird sich Ihr Bobtail auf seine Umgebung voll und ganz einstellen.

Sollten Sie Zeit und vor allem auch Platz haben, wäre nun der ideale Augenblick gekommen, sich einen zweiten Hund anzuschaffen. Denn ein junger Hund hält den alternden jung! In diesem Fall muß ich Ihnen aber ganz besonders ans Herz legen, daß Sie durch liebevolles Verhalten und viel Verständnis Ihrem alten Hund gegenüber den Altersunterschied überbrücken müssen.

Obwohl der Bobtail eine langlebige Rasse ist – 15 Jahre sind nicht selten –, wird der Tag kommen, an dem trotz fürsorgender Pflege die Altersgebrechen Ihrem Tier so zu schaffen machen, daß auch der Tierarzt nicht mehr helfen kann, außer in einem: ihm die erlösende Spritze zu geben. So schwer der Abschied nach so vielen Jahren ist, zögern Sie bitte nicht, und leisten Sie ihm diesen allerletzten Liebesdienst. Sein stetes Vertrauen zu Ihnen sollten Sie in diesem Moment des Abschieds dadurch belohnen, daß Sie bis zuletzt bei ihm bleiben. Sie nehmen ihm so die Angst vor dem Tierarzt.

Ernährung

Die wildlebenden Ahnen unseres Hundes waren Jäger. Sie verzehrten ihre Beute mit Haut und Haar. Bevorzugte Leckerbissen waren die Innereien. Magen und Darm ihrer Beutetiere enthielten auch vorverdaute Pflanzen und wichtige Vitamine. Wölfe und Wildhunde fraßen also nicht nur Fleisch. Genauer wäre die Bezeichnung „Beutefresser". Aus Untersuchungen des Mageninhaltes wissen wir, daß darüber hinaus praktisch alles auf dem Speisezettel stand, was die Natur bot: Früchte, Samen und Gräser, Frösche und Schlangen, selbst Insekten wurden verzehrt. Nur so konnten der Hunger gestillt und genügend Vitamine und Mineralstoffe aufgenommen werden.

Angemessene artgemäße Nahrung hat der Hundehalter seinem Hund nach dem Tierschutzgesetz anzubieten. Unkenntnis und falsch verstandene Tierliebe können leicht zu Tierquälerei führen: Der Hund ist kein Resteverwerter. Mit Süßigkeiten ist ihm nicht gedient. Falsche Ernährung kann Fettsucht, innere Erkrankungen oder Hautkrankheiten verursachen. „Angemessen" ist nur eine gesunderhaltende Nahrung.

Fleisch ist die Ernährungsgrundlage. Es enthält neben Salzen, Geschmacksstoffen und Vitaminen vor allem Eiweiß. Reines Muskelfleisch oder Herz können ebenso wie ausschließlich minderwertige sehnige, häutige oder knorpelige Teile zu Verdauungsstörungen führen. „Artgemäß" ist eine aus leichter und schwer verdaulichen Bestandteilen gemischte Fleischgrundlage. Dazu gehört auch tierisches Fett. Es dient als Energiequelle.

Pflanzen enthalten neben Eiweiß, Vitaminen und Mineralstoffen vor allem Stärke und Zucker. Diese Kohlehydrate liefern ebenfalls Energie. Für den gesunden Hund ist eine Ergänzung der Fleischgrundlage durch aufgeschlossene rohfaserhaltige Pflanzenkost das Richtige. Sie muß aber bei den meisten Nährmitteln durch Erhitzung „aufgeschlossen", das heißt verdaulich gemacht werden. Für Sättigung, Darmfüllung und geregelte Verdauung sorgen unverdauliche Rohfasern, die vor allem in Rohkost, aber auch in Hundeflocken, weniger aber in

Wo bleibt denn mein Futter?

gekochtem Reis enthalten sind. Ungesättigte Fettsäuren aus Pflanzenölen sind vor allem für gesunde Haut und glänzendes Fell wichtig.

Eine vielseitig zusammengesetzte Nahrung enthält auch Vitamine. Das sind Wirkstoffe, die für Stoffwechselprozesse wie Blutgerinnung, Nervenfunktion oder Infektabwehr benötigt werden, die der Körper jedoch selbst nicht produzieren kann. Mineralstoffe und Spurenelemente sind nicht nur für den Knochenbau, sondern auch für viele andere Stoffwechselprozesse unerläßlich.

Eine Wissenschaft für sich?

Erhaltungs- und Leistungsbedarf, Nährwerttabellen, Kalorien und Joule – das ist schon eine Wissenschaft für sich – beflügeln auch die Futtermittelindustrie. Bei allem Respekt wundert sich der Praktiker, daß trotz Unkenntnis und Fehlern früherer Zeiten die Spezies Haushund nicht längst ausgestorben ist. Zum besseren Verständnis genügen folgende Überlegungen: Der Körper des erwachsenen Hundes befindet sich in einem dauernden Umbau. Zur Erhaltung der Körpersubstanz sind daher Eiweißbausteine erforderlich, für die damit verbundenen Stoffwechselvorgänge Ernergielieferanten, Vitamine und Mineralstoffe. Das Futter soll in der Trockenmasse etwa ein Drittel Eiweiß, mindestens fünf Prozent Fett und höchstens die Hälfte Kohlehydrate enthalten.

Welpen und Junghunde brauchen für ihr Wachstum mehr Nahrung als gleich schwere erwachsene Hunde, bis zum sechsten Monat etwa doppelt so viel und dann immerhin noch fünfzig Prozent mehr. Ihr Futter soll zu zwei Dritteln, später mindestens zur Hälfte aus Fleisch und anderen Eiweißstoffen bestehen.

Diese Richtwerte gelten nur bei normaler Belastung. Besondere Leistungen erfordern eine Zulage. Als Fleischfresser kann der Hund zwar auch aus Eiweiß Energie gewinnen, die Ausbeute ist jedoch gering (und teuer). Zugelegt werden daher kohlehydrathaltige Futtermittel. Erhaltungs- und Leistungsbedarf sind praktisch nicht zu trennen. Bei Dauerbelastung kann bis zu viermal mehr Energie als bei Ruhe verbraucht werden.

Die wichtigsten Grundregeln

Die Futterration kann nicht mit der Briefwaage abgemessen werden. Neben Alter und Leistung ist die individuelle Veranlagung des Hundes ausschlaggebend. Es gibt gute und schlechte Futterverwerter. Ein normal veranlagter, durchschnittlich beanspruchter erwachsener Bobtail braucht täglich etwa 500 g Fleisch mit 300 g Flocken. Den gleichen Nährwert haben 1200 g Dosen-Vollnahrung oder 600 g Trockenfutter. Bei einem gesunden, gut ernährten Hund sollen die Rippen optisch nicht hervortreten, mit der flachen Hand aber noch fühlbar sein. So kann man „erfühlen", ob etwas Futter zugelegt oder abgezogen werden muß.

Junghunde können die tägliche Futtermenge unmöglich auf einmal aufnehmen. Eine Magenüberladung wäre die Folge. Knochen, Bänder und Gelenke würden zu stark belastet und bleibende Schäden davontragen. Immerhin braucht ein halberwachsener, 20 bis 25 kg schwerer Bobtail bereits genausoviel Futter wie sein ausgewachsener Artgenosse. Die Ernährung der Welpen erfolgt zunächst genau so, wie der Züchter es gehandhabt und dem Käufer empfohlen hat. Umstellungs-

Zwei Champions

bedingte Verdauungsstörungen werden so vermieden. Dem Welpen wird die Eingewöhnung erleichtert.

Bis zum Abschluß des Zahnwechsels mit etwa sechs Monaten erhält der Junghund täglich drei, später bis zum Abschluß des Wachstums mit etwa eineinhalb Jahren zwei Mahlzeiten täglich. Der Junghund darf zunächst noch etwas „Babyspeck" haben. Er hilft, Krankheiten besser zu überstehen. Mangelernährung in der Jugend ist kaum wieder gutzumachen.

Fresser werden nicht geboren, sondern erzogen: Der erwachsene Hund erhält täglich eine Mahlzeit. Was in einer Viertelstunde nicht aufgefressen ist, gehört in den Mülleimer. Wichtig ist eine regelmäßige feste Futterzeit, weniger wichtig, ob dies morgens, mittags oder abends ist. Stets soll jedoch der Hund nach dem Fressen ruhen, so wie es auch

66

Wildtiere nach ergiebigem Mahl zu tun pflegen. Bei „Sport und Spiel" besteht die Gefahr, daß sich ein gefüllter Magen verdreht – eine lebensgefährliche Situation.

Das Futter soll vielseitig sein, damit es alle benötigten Nährstoffe enthält. Der Hund braucht aber keine Geschmacksabwechslung. Er kann durchaus dauernd das gleiche Futter erhalten, wenn dies optimal zusammengesetzt ist.

Fertigfutter – sicher, bequem und preiswert

Die Vorurteile gegen Fertigfutter sind überholt. Es entspricht in Eiweißanteil und sonstigen Inhaltsstoffen den wissenschaftlichen Erkenntnissen. Durch moderne Konservierungsverfahren werden Vitamine weniger geschädigt als durch haushaltsübliches Kochen. Krankheitserreger im Fleisch werden bei der Herstellung abgetötet. Ein weiterer Vorteil ist die praktische Vorratshaltung. Auf Reisen ist Fertigfutter die einfachste Futterlösung. Es ist nicht teurer als selbst zubereitetes Futter. Gegen Fertigfutter gibt es eigentlich nur einen Einwand: Artgemäßerweise frißt der Hund Rohes, nicht aber Gekochtes.

Dosenfutter enthält reichlich Eiweiß. Das Etikett muß genau gelesen werden: „Vollnahrung" enthält bereits pflanzliche Futtermittel und ist futterfertig. Zu „Fleischnahrung" müssen noch Flocken, Reis oder Gemüse zugemischt werden. Als vermeintlicher Nachteil werden vielfach die großen Kotmengen nach Verfütterung von Dosenfutter empfunden. Sie sind Folge des Rohfaseranteils und der damit verbundenen guten Darmfüllung. Geschwächte kranke Hunde reagieren bei plötzlicher Umstellung auf Dosenfutter gelegentlich mit Durchfall.

Fertigfuttermischungen aus Trockenfleisch und Nährmitteln werden mit warmem Wasser oder Brühe dickbreiig angerührt – eine unproblematische Futterzubereitung.

Trockenfutter in Keks- oder Ringform und Hundekuchen werden trocken verfüttert. Sie enthalten fünfmal weniger Wasser als normal feuchtes Futter. In einem Extranapf muß daher unbedingt Wasser angeboten werden. 200 g Trockenfutter haben etwa den gleichen Nährwert wie eine 850-g-Dose Vollnahrung oder 400 g Fleisch und 125 g Flocken. Zusäztliche „Leckerlis" sind Dickmacher!

Fertigfutter ist meist nach dem Bedarf erwachsener Hunde zusam-

*Bobtail-
Hündin, fünf
Monate alt
und dem er-
wachsenen
Hund schon
sehr ähnlich*

mengestellt. Junghunde erhalten daher als Eiweißzulage zusätzlich Fleisch oder Milcherzeugnisse oder aber gleich ein spezielles Welpen- oder Junior-Fertigfutter.

Eigener Herd . . .

Schwieriger ist es, seinen Hund mit selbstzubereitetem Futter zu ernähren. Man muß dazu einiges über Wert und Eigenschaften der Futtermittel wissen.

Fleisch ist teuer; Rinderpansen und Blättermagen, Herz, Fleischab- schnitte, Maulfleisch, Leberabschnitte, Schlund, Milz und Nieren sind ein fast vollwertiger Ersatz. Euter, Lunge und „Schweineringel" sind nur bedingt und in kleinen Mengen geeignet. Besonders wertvoll ist „grüner" Pansen, also roher, ungereinigter Rindermagen: Die Futter- reste sind bereits vorverdaut und enthalten Vitamine, die aus dem Pflanzenfutter stammen oder im Pansen gebildet wurden. Haltbarer und weniger duftend ist der gereinigte und gebrühte „weiße" Pansen. Rohe Leber und rohe Milz haben eine abführende Wirkung und dürfen daher – je nach Kotbeschaffenheit – nur in kleinen Mengen zugegeben werden. Geflügelinnereien und Schweinefleisch sollten stets gekocht werden. Sie könnten sonst Durchfall oder die gefürchtete Aujeszkysche Krankheit übertragen. Die Fleischgrundlage sollte stets aus verschiedenen Bestandteilen bestehen. Bei einseitiger Zusammensetzung, zum Beispiel ausschließlich Pansen, können Eiweißbausteine fehlen, die der Hund braucht.

Andere Eiweißquellen können das Futter vervollständigen. Hunde mit gesunder Leber und Niere dürfen gelegentlich unverdorbenen Fisch, frei von harten Gräten, fressen. Junghunde bis zum sechsten Monat können täglich eine mit Milch hergestellte Mahlzeit erhalten. Bei älteren Junghunden muß Kuhmilch verdünnt werden. Erwachsene Hunde erhalten – wie in der Natur – keine Milch. Sie können den Milchzucker nicht verdauen. Der Darminhalt wird dadurch zu weich. Hauterkrankungen können die Folge sein. Besser als Kuhmilch sind Welpenmilch-Präparate, die auch von älteren Hunden vertragen werden. Auch rohes Eiklar kann der Hund nicht richtig verdauen. Rohes Eigelb ist dagegen vor allem für junge und kranke Hunde gesund und bekömmlich. Gekochte und gebratene Eier verträgt jeder Hund. Viele Hunde mögen auch Magerquark – eine wertvolle Ergänzung hochwertigen Eiweißes – besonders für Junghunde. Käse ist entgegen Vorurteilen nicht schädlich. Käserinden, Wurstpellen, Geräuchertes und Gewürztes gehören aber nicht in den Hundenapf.

Einkaufsmöglichkeiten für Futterfleisch bieten Hundefutterhandlungen und Fleischereien sowie Zoogeschäfte und Supermärkte. Frisches Futterfleisch ist leicht verderblich und sollte auch bei Kühlung nicht länger als zwei Tage aufbewahrt werden, gekochtes hält sich ein bis zwei Tage länger. In der Gefriertruhe kann man Fleisch etwa drei Monate aufbewahren, zweckmäßigerweise in dicht schließenden Kunststoffbeuteln portionsweise verpackt.

Die Zubereitung des Futters erfordert nur geringen Aufwand. Da der Hund sein Futter nicht kaut, sondern schlingt, wird das Fleisch in maulgerechte Happen geschnitten, aber nicht wie Hackfleisch zerkleinert. Viele Hundefutterhändler nehmen dem Käufer diese Arbeit ab. Das frische oder aufgetaute Fleisch wird mit heißem Wasser angebrüht. So bleibt es innen roh, wird aber leicht erwärmt. Eiskaltes Futter ist Gift für den Hundemagen.

Als pflanzliche Ergänzung können gekochte Haferflocken, Graupen oder Reis zugegeben werden. Einfach geht es mit „Hundeflocken", einem Gemisch getoasteter und daher verdaulicher Getreideerzeugnisse mit ausreichendem Rohfasergehalt. Zwei Maß Flocken werden einem Maß Fleisch mit warmem Wasser zugemischt. Das Futter soll dickbreiig, nie suppig sein. Junghunde erhalten Flocken und Fleisch zu gleichen Raumteilen. Von Fall zu Fall sollen die Flocken ganz oder teilweise durch Gemüse ersetzt werden, das mit einer Gabel zerdrückt wird. Es schadet nichts, wenn Essenreste leicht gesalzen sind. Der Hund braucht Kochsalz für eine einwandfreie Nierentätigkeit. Hülsenfrüchte und Kohl gehören allerdings nicht ins Hundefutter. Sie sind schwer verdaulich und verursachen Blähungen.

Rohkost, insbesondere fein zerkleinerte Möhren und Äpfel, sind eine sättigende und vitaminreiche Futterergänzung. Auch gehackte Petersilie oder Kresse und frische Obst- und Gemüsesäfte können das Vitaminangebot vervollständigen.

Zur Versorgung mit ungesättigten Fettsäuren – wichtig zum Beispiel für Haut und Haar – kann dem Futter einmal wöchentlich ein Teelöffel Pflanzenöl zugesetzt werden. Auch eine Scheibe Brot mit Pflanzenmargarine ist eine vorzügliche Ergänzung, insbesondere gut durchgebackenes Roggenbrot. Brot soll aber nie eingeweicht werden.

Für den Junghund ist eine ausreichende Vitamin-D-Versorgung zur Verhütung der Knochenweiche (Rachitis) wichtig. Überdosierungen sind aber schädlich. Anstelle des Lebertrans sollten daher genau dosierbare Vitamin-D-Präparate nach tierärztlicher Verordnung gegeben werden. Bierhefe – Bestandteil vieler Hundeflocken – enthält auch B-Vitamine. Für den jungen Hund ist die Zufütterung von „Futterkalk" für Wachstum und Knochenbau unerläßlich. Aber auch der erwachsene Hund braucht eine Mineralstoffergänzung, weil selbstzubereitetes Futter nicht alle Stoffe in ausreichender Menge enthält. Speziell für den Bedarf des Hundes zusammengestellte Mittel sind besser und billiger als Kalktabletten für Menschen.

Knochen enthalten Mineralstoffe, sind aber schwer verdaulich und können hartnäckige Verstopfungen verursachen. Ihr Wert liegt vor allem in der Gebißpflege und der „Gymnastik" für die Kaumuskulatur. In Maßen können daher Hunde mit gesunden Zähnen Kalbs- oder Rinderknochen erhalten. Hundekuchen oder Kauknochen aus Büffelhaut erfüllen allerdings den gleichen Zweck. Ältere Tiere mit Verdauungsproblemen oder Zahnkrankheiten müssen auf Knochen verzichten. Harte Röhrenknochen, vor allem vom Geflügel, können splittern und Darmverletzungen verursachen. Kotelettknochen können in der Speiseröhre steckenbleiben. Sie gehören in den Mülleimer.

Fastentage müssen wildlebende Fleischfresser oft einlegen. Für Hunde mit Übergewicht ist ein Fastentag in der Woche ein probates Mittel zum Abnehmen. An den übrigen Tagen darf er sich einmal täglich sattfressen. Seine fettarme Fleischgrundlage wird allerdings mit nährstoffarmer Lunge gestreckt, und statt der Flocken erhält er Weizenkleie und Rohkost. Einfacher, aber teurer, ist ein Diät-Fertigfutter, das über Tierärzte bezogen werden kann.

Wasser, immer frisch und sauber, nie eiskalt, muß dem Hund ständig zur Verfügung stehen. Ein gesunder Hund trinkt zwar bei normal feuchtem Futter kaum, muß aber doch bei Hitze, nach Anstrengungen oder zu bestimmtem Futter seinen Durst löschen können. Ständig stark vermehrter Durst ohne erkennbaren Grund ist ein Krankheitszeichen.

Patentrezepte

Fragt man zehn Hundeexperten, erhält man sicher wenigstens neun „bewährte, für diese Rasse einzig richtige" Ernährungsanleitungen, von denen acht völlig richtig sind. Trotz aller Erfahrung und wissenschaftlicher Akribie gibt es gottlob viele Möglichkeiten, seinen Hund artgemäß und ausreichend zu ernähren. Man muß nur die angeführten Ernährungsregeln mit etwas Verständnis beachten – sei es mit Fertigfutter, sei es mit einem eigenen, auf Haushalt, Hund und Geldbeutel abgestellten Spezialrezept oder beidem.

Die Autorin gibt zur Fütterung des Bobtails folgende praktische Hinweise: Im Alter von 8 bis 12 Wochen füttern Sie den frisch übernommenen Junghund, wie Ihr Züchter es Ihnen angegeben hat. Wir füttern unsere Welpen folgendermaßen:

Morgens:	Matzinger Flocken in Welpi Lac (Trockenmilch speziell eingestellt für Hunde). Alle zwei Tage ein rohes Eigelb untermischen.
Mittags: 11.30–12.00 h	Matzinger Flocken mit Hackfleisch, 1 Kaffeelöffel Welpi-Sal (Mineralstoffe).
Nachmittags: 16.00 h	Matzinger Flocken, Hackfleisch und Gemüse (Möhren, Äpfel gerieben oder Spinat beziehungs-

weise Babysäfte aus Möhren von Alete, Hipp usw.).

Abends: Matzinger Flocken in Welpi Lac,
19.30–20.00 h Latz-Welpenkost als Hundekuchen.
Menge: Flocken: ca. 1 bis 1½ Tassen gut voll
Im Alter von etwa (je nach Appetit erhöhen),
acht bis 10 Wochen Welpi Lac: 3 gehäufte Eßlöffel auf ½ l warmes Wasser, Fleisch: etwa 300–400 g rohes Hackfleisch auf die beiden Fleischmahlzeiten verteilen.

Ab der 12. Woche kann man dann die Abendmahlzeit durch Hundekuchen ersetzen, die anderen Mahlzeiten werden etwas erhöht. Damit Sie eine Kontrolle haben, ob Sie richtig füttern, sollten Sie Ihren Hund jede Woche auf die Waage stellen. Wir rechnen etwa Woche gleich Gewicht, also mit acht Wochen etwa 8 kg usw. Dabei sind Rüden immer etwas schwerer als Hündinnen. Das Wiegen geht am besten folgendermaßen: Sie stellen sich auf die Personenwaage, nehmen Ihr eigenes Gewicht, dann nehmen Sie den Hund auf den Arm, und schon haben Sie sein Gewicht. Sollte mal kein Fleisch vorhanden sein, so kann man auch Quark, gekochten Fisch oder Eigelb geben.

Das Füttern sollte immer zur gleichen Zeit erfolgen. Hunde haben eine innere Uhr in sich und werden sich zu ihren Zeiten auch melden. Die Freßnäpfe sollten gut zu reinigen sein und nach jeder Mahlzeit ausgewaschen werden. Ab der 24. Woche gehen Sie auf zwei Mahlzeiten über und mit ein bis eineinhalb Jahren auf eine Mahlzeit am Tag, die am besten am späten Nachmittag verabreicht wird, wobei natürlich die Portionen erhöht werden. Meine Hunde bekommen allerdings jeden Morgen einen Hundekuchen, dann die Hauptmahlzeit und beim Insbettgehen als Abschluß nochmal einen Hundekuchen oder ein Stück Trockenfisch, der für die Reinhaltung der Zähne sehr von Vorteil ist. Hin und wieder einen guten Kalbsknochen.

Bei der Hauptmahlzeit füttere ich Vollflockenmischung, die in diversen Ausführungen im Handel zu haben sind. Außerdem für den ausgewachsenen Hund 500 g rohes Fleisch, von Zeit zu Zeit ein rohes Eigelb darunter, außerdem Welpisal. Für ein gutes Haar ist auch die Gabe von einem Eßlöffel Öl, das reich an essentiellen Fettsäuren ist, von Vorteil. In der Zeit von sechs Monaten bis zu zwei Jahren braucht der Bobtail die größte Futtermenge, da es die Zeit der Entwicklung ist.

72

Gesundheit

Vorbeugen ist besser als Heilen

Artgerechte Haltung, Pflege und Ernährung sind Voraussetzungen für die Gesundheit. Das seelische Wohlbefinden des Hundes ist so wichtig wie das körperliche. Der gesunde Hund nimmt aufmerksam und lebhaft Anteil an seiner Umgebung. Er ist kräftig und ausdauernd. In der Ruhe atmet er 10- bis 20mal, das Herz schlägt 70- bis 100mal in der Minute. Die Körpertemperatur liegt um 38,5 °C. Gesundheit ist nicht nur „Freisein von Krankheiten", sie schließt auch Widerstandskraft gegen Infektionen ein.

Das Haarkleid schützt nicht nur gegen Wind und Wetter. Ein glattes, glänzendes, dicht anliegendes Deckhaar ist auch Zeichen von Gesundheit. Darunter wärmt ein dichtes, wolliges Unterhaar. Der Bobtail soll täglich gestriegelt werden. Besonders wichtig ist das Bürsten während des Haarwechsels im Frühjahr und zum Winteranfang. Dann geht die Unterwolle manchmal in dichten Büscheln aus. Durch Baden kann der schützende Säuremantel der Haut zerstört und das Haar entfettet werden. Der Bobtail wird deswegen nur ausnahmsweise gebadet, zum Beispiel wenn er sich nach Hundeart in Aas oder Kot gewälzt hat. Dann wird er lauwarm geduscht und mit Hundeshampoo oder mildem Haarwaschmittel, nie jedoch mit Seife oder Spülmittel gewaschen. Nach gründlichem Ausspülen wird das Fell trockengerieben. An einem warmen, zugfreien Ort muß das Fell trocknen, ehe der Hund wieder hinaus darf.

Etwas ganz anderes ist das Baden in freier Natur. Bobtails sind gute und häufig begeisterte Schwimmer. An heißen Sommertagen sei ihnen eine Erfrischung gegönnt. Die natürlichen Schutzeinrichtungen von Haut und Haar werden sie vor Erkältungen bewahren.

Stumpfes Haar, ständiger Haarausfall und starker Geruch deuten auf innere Erkrankungen hin. Die Haut soll frei von Schuppen und Rötungen sein, kein Juckreiz soll den Hund plagen.

Flöhe, Läuse und Haarlinge kann auch der gepflegteste Hund von

73

Typische Bobtailhündin, man beachte die Färbung und die leicht überhöhte Hinterhand

einer Hundebegegnung mitbringen. Bei Juckreiz wird als erstes die Haut auf Flohstiche – bis zu linsengroße, geschwollene Rötungen – und das Fell auf Parasitenkot – kleine schwarze Pünktchen – abgesucht. Lieblingssitze der ungebetenen Gäste sind die Innenflächen der Hinterbeine, die Achselhöhlen und die Ohrmuscheln. Bei leichtem Befall genügt ein Flohpuder oder -spray.

Wirksamer sind Waschlösungen, die das Fell bis auf die Haut benetzen, oder verschreibungspflichtige Mittel, die auf die Haut getropft werden und bis zu vier Wochen wirken. Das Ablecken solcher Mittel muß aber unbedingt verhindert werden. „Anti-Floh-Halsbänder" geben bis zu vier Monaten gas- oder puderförmige Wirkstoffe ab. In Hundehütten können bei einigen Halsbändern Giftgaskonzentrationen auftreten, die auch für den Hund bedenklich sind. Manche Halsbänder verlieren zudem durch Nässe an Wirksamkeit. Bei Flohbefall muß immer das Lager des Hundes mitbehandelt werden. Moderne Spezialmittel töten dabei nicht nur „erwachsene" Flöhe, sondern stoppen auch die weitere Entwicklung der Flohlarven. Hundedecken werden am besten ausgekocht; Teppiche regelmäßig gesaugt und Stroh in der Hütte gewechselt.

Zecken lassen sich aus dem Gebüsch auf den Hund fallen, beißen sich in der Haut fest und saugen sich mit Blut voll. Sie sehen dann wie prallgefüllte graubraune bis zu kirschkerngroße Säckchen aus. Zecken dürfen nicht einfach ausgerissen werden, denn dabei können die Beißwerkzeuge in der Haut steckenbleiben und zu Entzündungen führen. Man betäubt die Zecke mit Alkohol oder hüllt sie mit Öl ein und wartet etwa zehn Minuten. Am sichersten wirkt ein Spraystoß mit einem insektiziden „Desinsektspray". Die betäubte oder tote Zecke wird vorsichtig aus der Haut herausgedreht.

Die Ohren sollten alle vier Wochen gereinigt werden. Mit Wattestäbchen kann man das Trommelfell zwar kaum verletzen, das Ohrenschmalz aber in der Tiefe zusammenstopfen. Besser ist ein alkoholischer Ohrreiniger, der randvoll ins Ohr eingegossen und bei zugedrückter Ohrmuschel durchmassiert wird. Das gelöste Ohrschmalz kann der Hund dann selbst ausschütteln, vorzugsweise im Freien. Dunkle, übelriechende Beläge im Ohr zeigen eine Entzündung an. Meist wird sich der Hund dann auch am Ohr oder – scheinbar – am Halsband kratzen und den Kopf schütteln. Ursache des „Ohrenzwanges" können Ohrenmilben, Grasgrannen oder andere Fremdkörper sowie Bakterien und Pilze sein. Wenn zwei- bis dreimalige gründliche Reinigung mit dem Ohrreiniger keine Besserung bringen, ist eine gezielte Behandlung erforderlich.

Die Augen werden mit einem Stückchen Mullbinde oder einem Taschentuch vom „Schlaf" gereinigt. Fusseln von Watte oder Papiertaschentüchern reizen die Schleimhäute. Bindehautentzündungen können auch durch Zugluft, Staub oder starke Sonne verursacht werden. Besonders anfällig sind Hunde, deren Augenlider dem Augapfel nicht eng anliegen. Das kommt bei Bobtails gottlob nur äußerst selten vor. Zur Linderung werden Augentropfen in den heruntergezogenen Bindehautsack geträufelt. Borwasser wird heute nicht mehr verwendet, weil feine Kristalle als Fremdkörper wirken können. Länger andauernder wäßriger, schleimiger oder eitriger Augenausfluß sollte nicht mit Hausmitteln kuriert werden. Es könnte eine Infektion vorliegen.

Wucherungen auf der Rückseite der Nickhaut müssen meist operativ behandelt werden.

Die Zähne werden durch Hundekuchen oder Knochen ausreichend gereinigt. Auch die Tortur des Zähneputzens kann Zahnstein nicht verhindern. Zur Entfernung weicher Beläge eignet sich am ehesten ein Wattebausch, getränkt mit dreiprozentiger Wasserstoffsuperoxydlösung. Zahnstein ist ein fest anhaftender brauner Belag aus verhärteten Salzen. Fauliger Mundgeruch durch Zahnfleischentzündungen und -vereiterungen sowie Zahnausfall sind die Folgen. Zahnstein sollte frühzeitig fachkundig entfernt werden. Lose Zähne müssen gezogen werden. Da der Hund keine Beute jagen, festhalten oder zerreißen muß, kann er auf schmerzende Zähne gut verzichten. Nach Entfernung der Eiterherde wird er sich auch allgemein wohler fühlen, denn sie können den Körper vergiften und zum Beispiel chronische Herzklappenentzündungen auslösen. Auch Milchhakenzähne, die beim Zahnwechsel nicht ausfallen, müssen gezogen werden. Sie können zu Stellungsfehlern im bleibenden Gebiß führen.

Die Analbeutel sollen eigentlich bei jedem Kotabsatz eine individuelle Duftmarke zur Revierkennzeichnung hinterlassen. Infolge der Domestikation funktioniert die Entleerung häufig nicht richtig. Sekretstauungen sind die Folge. Den Juckreiz versucht der Hund vergeblich durch Rutschen auf dem After zu beseitigen. Dieses „Schlittenfahren" ist entgegen landläufiger Vermutung fast nie auf Wurmbefall zurückzuführen. Stark gefüllte Analbeutel müssen fachkundig ausgedrückt, vereiterte müssen tierärztlich behandelt werden.

Die Krallen werden bei normalem Auslauf ausreichend abgelaufen. Nur bei krankhaftem Hornwachstum, Stellungsfehlern oder ständigem Laufen auf zu weichem Boden müssen sie geschnitten werden. „Wolfskrallen", Überbleibsel der an sich verkümmerten fünften Zehe an den Hinterläufen, können bei Verletzungen stark bluten. Sie sollten vorsorglich amputiert werden. Das geschieht üblicherweise schon bei neugeborenen Welpen.

Erste Hilfe tut not

Hautverletzungen müssen genau inspiziert werden. Oberflächliche Abschürfungen und Schrunden können mit Hausmitteln behandelt werden. Auf jeden Fall werden im Bereich der Verletzungen die Haare

*Kopfstudie
des Weltjugendsiegers
„Mike of Shepton"*

mit einer gebogenen Schere kurzgeschnitten. Sie verkleben sonst mit dem Wundsekret; Vereiterung ist die Folge. Die Wunde wird mit Wundgel, -spray oder -tinktur behandelt. Fetthaltige Salben behindern den heilungsfördernden Luftzutritt, Puder verkrustet.

Bei tieferen Wunden mit Durchtrennung der Haut sollte umgehend ein Tierarzt zugezogen werden. Bei Beißereien und Stacheldrahtverletzungen wird die Haut oft vom Körper losgerissen, so daß tiefe Taschen entstehen. Haare und Schmutz in der Tiefe der Wunden müssen soweit wie möglich entfernt werden. Von Fall zu Fall ist zu prüfen, ob eine „offene Wundbehandlung" oder eine Naht besser ist. Nur frische Wunden können mit Aussicht auf komplikationslose Heilung genäht werden.

Eine offene, aus der Tiefe nässende oder eiternde Wunde darf der Hund belecken. In allen anderen Fällen wird die Wundheilung behindert, weil die zarten Heilungszellen am Wundrand gestört werden. Das Belecken von Wunden und das Abreißen von Verbänden können durch einen Halskragen verhindert werden. Aus einem passenden Plastikeimer wird der Boden herausgeschnitten. Die Schnittkanten werden abgepolstert, an vier Stellen durchlöchert und mit Bindfäden versehen, die am Lederhalsband festgebunden werden.

Wundstarrkrampf ist beim Hund selten. Impfungen sind daher nicht üblich. Zur Vorbeuge sollen Wunden ausbluten und nicht luftdicht abgedeckt werden. Wenn größere Adern verletzt sind, kommt es zu andauernden, starken Blutungen. Häufig tritt Blut im Strahl aus. Dann muß zur ersten Hilfe ein Druckverband angelegt werden. An ungünstigen Körperstellen wie am Kopf kann auch von Hand eine Kompresse aufgedrückt werden. Gliedmaßen können abgebunden werden, die Abbindung muß aber viertelstündlich kurz gelöst werden. In solchen Fällen ist stets umgehend tierärztliche Hilfe erforderlich.

Unfälle können auch zu inneren Verletzungen und Gehirnerschütterungen führen. Bei Bewußtseinstrübungen soll nie Flüssigkeit eingeflößt werden. Die Maulschleimhaut kann aber mit Kaffee, Tee oder auch einfach mit Wasser befeuchtet werden. Der Hund wird seitlich mit tiefliegendem Kopf und herausgezogener Zunge auf einer Decke gelagert, die, von zwei Personen an den Ecken stramm gezogen, auch als „Tragbahre" dient. Am Unfallort sind meistens die Diagnose und vor allem eine wirksame Schockbehandlung erschwert. Telefonisch sollte zur Vermeidung unnötiger Wege und Zeiten ein dienstbereiter Tierarzt verständigt und umgehend aufgesucht werden.

Lahmheiten können viele Ursachen haben. Als erstes wird die Pfote untersucht. Dornen oder Splitter werden ausgezogen. Verfilzte Haare drücken zwischen den Ballen wie ein Stein im Schuh; sie werden daher vorsichtig ausgeschnitten. Wunde Stellen werden wie Hautverletzungen behandelt. Im Winter müssen Streusalzreste von den Pfoten abgewaschen werden. Bei Krallenbettentzündungen können warme Kamillen- oder Seifenbäder Linderung bringen. Lose Krallenteile werden an der Bruchstelle beherzt abgeschnitten. In vielen Fällen ist ein Verband erforderlich. Er muß fachkundig angelegt werden, um Druckstellen zu vermeiden.

Bei Schwellungen, Prellungen und Verstauchungen kann das Fell des betroffenen Körperteils mehrmals täglich mit kaltem Wasser durchnäßt werden. Das wirkt wie ein Kühlverband, lindert den Schmerz und hemmt – frühzeitig angewendet – weitere Schwellungen. Wenn ein Bein überhaupt nicht belastet wird, besteht Verdacht auf Knochenbruch. Bei stark abnormer Beweglichkeit kann die Gliedmaße durch eine Notschiene ruhiggestellt werden. Ein feuchtes Tuch, zwei ausreichend lange Stöcke und Binden oder Leukoplast genügen fürs erste. Die benachbarten Gelenke müssen ebenso fixiert werden.

Mit „Argos" wird für die Schutzhundprüfung trainiert

Andauernde, wiederkehrende oder sich verschlimmernde Bewegungsstörungen sind stets ein Fall für den Tierarzt. Bei Junghunden können schmerzhafte Knochenauftreibungen oder Ablösungen des Ellenbogenhöckers zu Lahmheiten führen. Ältere Hunde leiden oft unter chronischen Gelenkentzündungen. Die Hüftgelenksdysplasie (HD) ist erblich veranlagt: Eine Abflachung der Gelenkpfanne begünstigt Arthrosen und Verrenkungen. Im Alter können auch die Rückenmarkshäute verknöchern. Dadurch werden die Nerven eingeklemmt. Zunehmende Nachhandschwäche bis hin zur Lähmung ist die Folge. Relativ oft wird das Humpeln auf einem Hinterbein durch eine Ausrenkung der Kniescheibe bedingt, die operativ fixiert werden muß.

Vergiftungen sind meist „Unglücksfälle" und nur selten böse Absicht. Rattengift kann bei unsachgemäßem Auslegen direkt, aber auch mit vergifteten Nagetieren aufgenommen werden. Meist handelt es sich um Cumarinpräparate, die zu inneren Blutungen führen. Vor-

Welpen in den ersten Lebensmonaten verleiten zu Spielereien

sicht ist auch bei Schädlings- und Unkrautbekämpfungs- sowie bei Frostschutzmitteln geboten. Hochgiftige Thallium-, Zinkphosphid- und Arsenzubereitungen, Blausäure und Strychnin sind heute gottlob kaum noch erhältlich. Die besten Überlebenschancen bestehen, wenn man „nach frischer Tat" das Gift wieder aus dem Magen herausbefördern kann. Der Tierarzt kann Erbrechen durch eine Spritze auslösen, der Laie durch Eingeben von zwei bis drei Teelöffeln Salz. Nach dem Erbrechen kann eine Aufschwemmung von etwa zehn Kohlekompretten eingeflößt werden. Milch wird nicht gegeben, weil verschiedene Gifte fettlöslich sind. Etwa vorhandene Hinweise auf die Art des Giftes ermöglichen eine rechtzeitige, gezielte tierärztliche Behandlung. Ungewisser sind die Aussichten, wenn Vergiftungsfolgen wie Krämpfe, Mattigkeit oder Brechdurchfall schon eingetreten sind, die Ursache aber nur vermutet werden kann. Eine genaue Diagnose ist oft erst durch Spätschäden wie Blutungen oder Haarausfall möglich. Dann kann es für eine Rettung bereits zu spät sein.

Durchfall ohne Fieber ist häufig durch einen Fastentag zu bessern. Der Hund erhält ausschließlich verdünnten Tee mit einer Prise Salz, aber ohne Zucker. Statt dessen ist Süßstoff zur Geschmacksverbesserung erlaubt. Keinesfalls darf Durchfall durch Wasserentzug „behandelt" werden; der Körper würde zu stark austrocknen. Am zweiten Tag erhält der Hund in kleinen Portionen ein Diätfutter, zum Beispiel Beefsteakhack, Schmelzflocken oder rohen, geriebenen Apfel. Am dritten Tag muß der Durchfall deutlich gebessert sein.

Verstopfungen lassen sich durch rohe Leber oder Milz oder durch drei bis fünf Teelöffel zehnprozentige Dosenmilch häufig bessern. Bei krampfhaft vergeblichem Drängen kann ein Mikroklistier Erfolg bringen. Bei einer Verhärtung von Knochenteilen im Enddarm hilft allerdings meist nur ein fachgerechter Einlauf.

Erbrechen ist keine selbständige Krankheit. Einmaliges Erbrechen kann durch zu hastiges Fressen, zu kaltes Futter oder Aufnahme von Fremdkörpern ausgelöst werden. Gelegentliches Erbrechen ist beim Hund ohne große Bedeutung.

Um zu Erbrechen, frißt der Hund häufig Gras. Geschieht dies regelmäßig oder wird ständig das Futter erbrochen, muß ein Tierarzt zugezogen werden. Auch Durchfall und Erbrechen mit Fieber sind kein Fall für Hausmittel.

Alarmzeichen

Fieber ist eine Abwehrreaktion des Körpers, meist auf Infektionen. Die Hundenase kann auch beim kranken Hund feucht und kühl sein. Die Temperatur muß mit einem Fieberthermometer, je nach Modell bis fünf Minuten lang, im Mastdarm gemessen werden. Sie darf nicht über 39 °C liegen. Untertemperaturen unter 37,5 °C entstehen infolge einer Reduzierung der Stoffwechselvorgänge häufig vor dem Tod.

Husten, als ob ein Knochen im Hals säße, tritt bei Mandelentzündungen auf. Ernstere Infektionen wie Zwingerhusten oder gar Staupe können auch vorliegen. Pumpende Atmung entsteht durch eine Lungenentzündung, aber auch durch Wasseransammlung in der Lunge, zum Beispiel infolge von Vergiftungen. Bei alten Hunden kann der damit verbundene Husten auch auf eine Herzschwäche zurückzuführen sein. Bauchpressen und Aufblasen der Backen sind Zeichen höchster Atemnot.

Scheinschwangerschaft tritt bei manchen Hündinnen etwa acht Wochen nach der Läufigkeit auf. Sie sind unruhig, „bemuttern" irgendwelche Gegenstände, fressen schlecht und erbrechen gelegent-

Champion „Blue Enjoy vom Karthäuser Hain"

Championesse „Blue Flaneur vom Karthäuser Hain"

lich. Das Gesäuge schwillt, Milch bildet sich. Abhilfe schafft häufig wenig Fressen und Trinken bei viel Bewegung und Beschäftigung. Das Gesäuge kann mehrmals täglich mit kaltem Wasser befeuchtet werden, um Schwellung und Milchproduktion zu hemmen. Keineswegs soll die Milch ausgedrückt werden. Damit würde nur die weitere Milchbildung angeregt. Bei sehr starker Gesäugeschwellung und trotz Hausmitteln nicht nachlassenden Erscheinungen muß der Tierarzt verständigt werden.

Insektenstiche, vor allem durch das Schnappen nach Wespen und Bienen verursacht, können schnell zu erheblichen Schwellungen am Kopf oder noch schlimmer im Rachen führen. Äußerliche Kühlung mit Eiswürfeln und eine Tablette gegen Allergie – falls zur Hand – ersparen oft nicht die möglichst rasche tierärztliche Behandlung.

Schleimhäute im Auge und im Fang geben Hinweis auf innere Erkrankungen: Blässe deutet auf Blutarmut hin, Gelbfärbung auf Leberschäden mit Gelbsucht, Blutungen auf schwere Infektionen oder Vergiftungen, eine bläuliche Färbung tritt bei Herz- und Kreislaufschwäche auf.

Kot und Urin mit Blutbeimengungen lassen schwerwiegende krankhafte Veränderungen erkennen. Bei Blutungen im Magen und in den vorderen Darmabschnitten kann der Stuhl durch das verdaute Blut pechschwarz aussehen. Nierenerkrankungen können auch mit erhöhtem Durst verbunden sein. Wenn Mattigkeit und Mundgeruch hinzukommen, ist meist bereits eine Harnvergiftung eingetreten. Harnsteine, Blasenriß oder Vergiftungen können dazu führen, daß überhaupt kein Urin mehr abgesetzt wird; dann besteht höchste Gefahr. Geschwülste, Prostatavergrößerungen und Mastdarmveränderungen erschweren den Kotabsatz. Verhärtete Knochenteile können den Enddarm völlig verstopfen. Erbrechen und zunehmende Mattigkeit bei fehlendem Kotabsatz sprechen für einen Darmverschluß oder einen Fremdkörper im Darm.

Speicheln wird im harmlosesten Fall durch Fremdkörper in der Maulhöhle oder durch lose Zähne verursacht, bedenklicher wäre eine E 605-Vergiftung oder Pseudowut, schlimmstenfalls ist an Tollwut zu denken.

Umfangsvermehrungen des Bauches bei sonst normalem Ernährungszustand oder zunehmende Abmagerung können durch Tumore oder Bauchhöhlenwasser hervorgerufen werden. Bei einer Gebärmut-

83

Beim Halbwüchsigen treten noch deutlich die Körperkonturen zutage, die später von dem Fell verdeckt werden

tervereiterung besteht gleichzeitig fast immer starker Durst, gelegentlich auch Scheidenausfluß. Eine plötzliche Aufblähung des Bauches mit Kolik und Kreislaufschwäche, bedingt durch eine Magendrehung, erfordert unverzügliche Operation. Eine Entzündung der Kaumuskeln mit Schwellung und Verhärtung sowie hervortretenden Augäpfeln muß sofort tierärztlich behandelt werden.

Infektionen bedrohen die Gesundheit

Staupe und ansteckende Leberentzündung (Hepatitis) sind Viruskrankheiten, die für Junghunde besonders gefährlich sind, aber auch ältere Hunde befallen. Staupe beginnt mit einem häufig kaum merkbaren, kurzen Fieber, dem nach etwa acht Tagen eine schwere Lungenentzündung mit eitrigem Augen- und Nasenausfluß oder ein Durchfall folgt. Eine besondere Verlaufsform ist mit einer Verhärtung der Ballen verbunden. Nach scheinbarer Besserung treten nervöse Erscheinungen bis hin zu Krämpfen auf, die meistens zum Tod führen. Nach überstandener Staupe bleibt häufig ein nervöses Zucken der Kopfmuskeln, der „Staupetick", nach Erkrankungen im Junghundalter das „Staupegebiß" mit erheblichen Zahnschmelzdefekten zurück.

Die ansteckende Leberentzündung verläuft ähnlich, mit hohem Fieber, Apathie und Appetitlosigkeit. Hornhauttrübungen können bleibende Folgeschäden sein.

Stuttgarter Hundesuche (Leptospirose) wird durch Bakterien verursacht und von Hund zu Hund übertragen. Sie beginnt häufig mit einer Schwäche in den Hinterbeinen. Geschwüre im Maul, Magen und Darm sind mit aasartig-faulem Mundgeruch und blutigem Durchfall verbunden.

Tollwut tritt bei Hunden nur noch selten auf. Die Seuche wird vor allem durch Füchse übertragen. Hinweisschilder warnen in gefährdeten Gebieten vor Tollwut. Die Krankheit ist besonders tückisch: Die typischen Wuterscheinungen wie heiseres Gebell, Wasserscheue, Unruhe und unmotivierte Beißwut fehlen häufig. Die „stille Wut" ist im Anfangsstadium schwer zu erkennen. Ein erkranktes Tier stirbt immer.

Parvovirose ist bei uns in den letzten Jahren immer häufiger aufgetreten. Die Seuche wurde zunächst auf Ausstellungen verbreitet. Der Erreger ähnelt dem Katzenseuchevirus. Die Ansteckung erfolgt über

Die haben doch wohl nicht mich gemeint!

die Ausscheidungen von Hund zu Hund. Bei Welpen tritt plötzlicher Herztod auf, ältere Hunde sterben nach unstillbarem blutigem Durchfall und Erbrechen.

Impfungen schützen vor diesen Infektionskrankheiten

Welpen in gefährdeten Zuchten oder ungeimpfte Hunde mit verdächtigen Krankheitserscheinungen können mit einem Serum behandelt werden, das fertige spezifische Abwehrstoffe enthält. Diese „passive Immunisierung" schützt aber nur für zwei bis drei Wochen. Der Käufer eines Hundes sollte den Impfpaß daraufhin genau prüfen.

Länger dauernden Schutz vermittelt nur die „aktive" Schutzimpfung. Dabei werden abgeschwächte oder abgetötete Infektionserreger eingeimpft. Der Körper reagiert darauf mit der Bildung eigener Abwehrstoffe. Bei den heute üblichen Kombinationsstoffen kennzeichnen die Buchstaben S, H, L, T und P die Wirksamkeit gegen die in Frage kommenden Seuchen (Staupe, Hepatitis, Leptospirose, Tollwut und Parvovirose). Welpen werden mit sieben bis acht Wochen das erste Mal geimpft und müssen dann mit zwölf Wochen nachgeimpft werden.

Der einmal gebildete Impfschutz baut sich aber im Laufe der Zeit ab. Kommt der Hund mit betreffenden Seuchenerregern in Berührung, so wird die Antikörperbildung aufgefrischt. Ist der Impfschutz aber bereits zu stark abgesunken, kann der Hund erkranken. Deshalb sind Auffrischungsimpfungen im Abstand von ein bis zwei Jahren erforderlich.

Ein sicherer Impfschutz des Hundes ist auch für den Menschen wichtig. Erkrankte Hunde können Leptospiren übertragen, die beim Menschen das „Canicola-Fieber" oder die „Weilsche Krankheit" hervorrufen. Hundetollwut ist wegen des engen Kontaktes für Menschen viel gefährlicher als Wildtollwut. Geimpfte Hunde übertragen keine Tollwut. Nach einem Kontakt mit verdächtigem Wild brauchen sie deshalb auch nicht getötet zu werden, wie dies für ungeimpfte Hunde gesetzlich vorgeschrieben ist. Schließlich können sie auf Auslandsreisen mitgenommen werden.

Gegen andere Infektionen schützt Vorsicht

Toxoplasmose wird durch einzellige Schmarotzer hervorgerufen. Ihr Stammwirt ist die Katze. Bei anderen Tieren werden ansteckungsfähige Dauerformen gebildet. Hunde erkranken überwiegend durch infiziertes Schweinefleisch. Für die Ansteckung des Menschen wurden sie früher zu Unrecht verantwortlich gemacht.

Aujeszkysche Krankheit wird ebenfalls durch Schweinefleisch übertragen. Unstillbarer Juckreiz, Unruhe, Ängstlichkeit und Speichelfluß haben gewisse Ähnlichkeit mit Tollwut. Die Krankheit wird daher auch „Pseudowut" genannt. Schweinefleisch und in der Zusammensetzung unbekannte Fleischmischungen (zum Beispiel aus Supermärkten) müssen deshalb gut durchgekocht werden. Fertigfutter und Rindfleisch sind dagegen unbedenklich.

Zwingerhusten tritt vor allem in Tierheimen und Hundehandlungen auf. Unter begünstigenden Umständen lösen Viren und Bakterien gemeinsam Entzündungen von Luftröhre und Bronchien aus. Kennzeichnend ist ein kurzer, trockener Husten. Sekundärinfektionen können den Krankheitsverlauf verschlimmern. Ein Impfschutz ist nach neuesten Erkenntnissen möglich. Der Tierarzt wird Sie gern beraten.

Nach der täglichen Fellpflege zum Spazierengehen bereit

Einen gesunden Hund kauft man mit größerer Wahrscheinlichkeit beim Züchter. Während des Urlaubs sollte man seinen Hund nicht in unbekannte Heime oder Pensionen geben oder vorsorglich auch gegen Zwingerhusten impfen lassen.

Wurmkuren gegen unerwünschte Kostgänger

Spulwürmer können bei Junghunden zu Verdauungs- und Entwicklungsstörungen, zu Vergiftungserscheinungen und sogar zum Tod führen. Fast alle Welpen werden im Mutterleib mit Spulwürmern infiziert. Die ersten Wurmkuren soll schon der Züchter durchführen. Junghunde werden vierteljährlich entwurmt. Ältere Hunde beherbergen nur noch einzelne Würmer. Sie richten zwar keinen großen Schaden an, sind aber eine ständige Infektionsquelle. Hündinnen sollten sechs Wochen nach jeder Läufigkeit, Rüden einmal jährlich entwurmt werden. Bei festgestelltem Wurmbefall ist eine sofortige Entwurmung mit einer Wiederholungsbehandlung nach zwei bis drei Wochen erforderlich. Rohe Möhren garantieren keine Wurmfreiheit. Wirksame und verträgliche Mittel sind verschreibungspflichtig. Sie wirken auch gegen andere Rundwurmarten, zum Beispiel gegen Hakenwürmer.

Spulwürmer sind auf ihre Wirtstierarten spezialisiert; wenn der Mensch Hundespulwurmeier aufnimmt, schlüpfen zwar Larven und beginnen ihre Wanderung im Körper, sie bleiben jedoch in Organen oder Muskeln stecken und können dort schmerzhafte Entzündungen verursachen. Besonders gefährdet sind „Krabbelkinder". Wurmkuren dienen daher auch dem Gesundheitsschutz der Familie. Auf Kinderspielplätzen haben Hunde nichts zu suchen.

Bandwürmer brauchen für ihre Entwicklung stets einen Zwischenwirt. Für den Hundebandwurm ist dies der Floh. Er nimmt die Wurmeier auf, aus denen sich eine Finne entwickelt. Der Hund „knackt" den Floh – die Finne wächst im Hundedarm zum fertigen Bandwurm aus. Mit dem Kot erscheinen nach geraumer Zeit einzelne kürbisförmige, anfangs noch bewegliche Bandwurmglieder oder ein längeres, deutlich gegliedertes Wurmende. Die meisten Spulwurmmittel sind gegen Bandwürmer unwirksam. Heute gibt es aber gut verträgliche und sicher wirkende Bandwurmmittel. Zur Bandwurmkur gehört stets eine Flohbehandlung von Hund und Lager.

Besonders bei Jagdhunden kann auch der „gesägte Bandwurm"

Bergtouren, für uns ein Hochgenuß!

auftreten, dessen Zwischenwirte Hasen und Kaninchen sind. Andere Bandwurmarten, die durch Fisch oder Wild, Rinder- oder Schafeingeweide übertragen werden, kommen seltener vor. Dazu zählt der „dreigliedrige Bandwurm", der als einziger auch dem Menschen gefährlich werden kann. Der Hund sollte zur Vorbeuge keine rohen „Konfiskat"-Innereien erhalten und daran gehindert werden, Kadaver von Wildtieren aufzufressen. Für Menschen besonders gefährlich ist der vor allem in einigen Gegenden Süddeutschlands verbreitete „Fuchsbandwurm", der auch durch Hunde übertragen werden kann. Neben regelmäßigen Bandwurmkuren ist es die beste Vorbeuge, den Hund in Wald und Flur anzuleinen.

Kleine Hausapotheke für den Hund

Zur Pflege und zur Ersten Hilfe sollten einige Instrumente und Medikamente bereitgehalten werden. Sie sind kindersicher, kühl und trocken aufzubewahren. Wenn unser Hund zu Reisekrankheit neigt, unter Rheuma leidet und häufiger bestimmte andere Wehwehchen hat, werden die tierärztlich verordneten Medikamente vorrätig gehalten, um auf bewährte Weise rasch helfen zu können. Vitamin- und Mineralstoffpräparate werden dort aufbewahrt, wo sie gebraucht werden: in der „Futterküche".

Zehn Tips für den Besuch beim Tierarzt

1 Nach Möglichkeit sollte der Hund in der Praxis des Tierarztes vorgestellt werden. Dort kann eine Erkrankung besser erkannt und behandelt werden.

2 Bei Verdacht auf ansteckende Krankheiten lassen Sie sich aber vom Tierarzt einen Sondertermin geben, oder bitten Sie ihn um einen Hausbesuch, um andere Hunde im Wartezimmer nicht anzustecken.

3 Mit einem unruhigen Hund wartet man besser im Auto, bis man an der Reihe ist.

4 Der Hund muß systematisch dazu erzogen werden, sich untersuchen zu lassen. Manipulationen an den Ohren, Öffnen des Fanges und Fiebermessen können geübt werden! Auf dem Untersuchungstisch muß der Hund beruhigt werden. Dazu müssen Sie selbst ruhig bleiben, erforderlichenfalls aber auch energisch werden.

5 Der Hund kann nicht sprechen. Daher müssen Sie Krankheitserscheinungen und -dauer genau schildern. Das erleichtert dem Tierarzt die Diagnose.

6 Bei Verdauungsstörungen ist die Beschaffenheit des Kotes genau zu beschreiben. Es ist nie verkehrt, eine Kotprobe, abgegangene Würmer oder Fremdkörper mitzunehmen.

7 Bei Verdacht auf innere Erkrankungen kann vorsorglich auch eine in einem sauberen Gefäß aufgefangene Harnprobe mitgenommen werden.

8 Bringen Sie auch den Impfpaß mit!

„Das doppelte Lottchen" – zwei Ausnahmehunde

9 Notieren Sie die Behandlungsanweisungen; erfahrungsgemäß wird vieles nach der Aufregung des Tierarztbesuches leicht vergessen oder verwechselt.

10 Denken Sie auch an den Stolz der Dame des Tierarzthauses: Verwehren Sie Ihrem Rüden das Beinheben an den Ziersträuchern im Vorgarten nach Verlassen der Praxis.

Gefahren für die menschliche Gesundheit?

Impfungen und Wurmkuren schränken Ansteckungsgefahren ein. Hygiene tut ein Übriges: Selbstverständlich hat der Hund sein eigenes Lager und Futtergeschirr; beides ist peinlich sauber. Rasen und Wege werden von Hundekot freigehalten. Der Hund wird so erzogen, daß er das Gesicht nicht ableckt. Das Belecken der Hände ist Ausdruck seiner Zuneigung. Man darf sie dulden, denn man kann sich die Hände anschließend waschen. Vorsichtige können Lager, Hütte und andere hygienegefährdete Stellen und Gegenstände regelmäßig desinfizieren. Die Mittel sollen gegen Viren, Bakterien und Pilze wirken. Zur Schnelldesinfektion eignet sich ein „Desinsektspray", der auch Ektoparasiten abtötet. Besonders angezeigt sind solche Maßnahmen, wenn der Hund eiternde Wunden, Ekzeme, Furunkel oder eine Vorhaut-, Zahnfleisch- oder Mandelentzündung hat. Diese Infektionen sind konsequent zu behandeln. Eitererreger können auch beim Menschen Komplikationen verursachen. Vorsicht ist stets bei schlecht heilenden oder sich ausbreitenden Ekzemen geboten: Räudemilben sind zwar auf Tierarten „spezialisiert", können jedoch auch beim Menschen jukkende Hautrötungen verursachen.

Hautpilzinfektionen sind auf Menschen übertragbar. Daher sollte man umgehend eine Spezialuntersuchung und Behandlung veranlassen. Pilzinfektionen entstehen nur, wenn sich die Erreger länger als 12 bis 24 Stunden auf der menschlichen Haut einnisten können. Gründliches Waschen bannt die Gefahr. Zusätzliche Sicherheit bietet ein Handdesinfektionsmittel, das nach Berührung verdächtiger Stellen oder Ausscheidungen in die Hände eingerieben wird.

Allergien sind auch durch größte Sauberkeit nicht immer zu vermeiden. Einige Menschen reagieren bei Kontakt mit Tierhaaren und -hautteilen mit Ausschlägen oder Atembeschwerden. Katzen, Meerschweinchen und Vögel sind viel öfter als Hunde die Auslöser; viele

93

andere pflanzliche und tierische Stoffe kommen hinzu. Die Allergieursache kann von einem Hautarzt durch Spezialtests auf der Haut ermittelt werden. Auf Verdacht braucht also kein Hund abgeschafft zu werden. Und vor der Anschaffung eines Bobtails brauchen auch gesundheitsbewußte Hundefreunde nicht zurückzuschrecken.

Einen Dank

möchte ich allen denen zukommen lassen, die mir in selbstloser Weise geholfen und mich ermutigt haben, dieses Buch zu realisieren und zu schreiben. Vor allem meinem Mann, der für mein Hobby, die Bobtailzucht, so viel Verständnis aufbringt, Frau Gretel Steinfeld für das geduldige Entziffern meiner „Hieroglyphenschrift" beim Abschreiben des Manuskripts, und nicht zuletzt allen denen, die zur besseren Anschauung und Verschönerung des Buches Bilder zur Verfügung stellten.

Allen Freunden des Bobtails möchte ich abschließend die folgenden Verse von Eugen Ledebur mit auf den Weg geben:

> Nicht ist dieses Buch für die gemacht,
> die klug erwägen mit Bedacht,
> ob diese oder jene Rasse
> zu ihrer Toilette passe;
> auch nicht für solche, die erklären,
> daß sie zwar Hundefreunde wären,
> jedoch: ein Hund gehört hinaus
> in Stall und Hof – nur nicht ins Haus!
> Doch ist's auch nicht für den verfaßt,
> der Hunde liebt und Menschen haßt,
> denn jeder Mensch ist doch, im Grund
> genommen, auch ein armer Hund.

Anschriften, die Sie kennen sollten

Bundesrepublik Deutschland
Club für Britische Hütehunde e.V.
Präsident Peter Zimmer
Dopheide 53
W-4815 Schloß Holte

Ursula Müller
(Zuchtbuchstelle)
Bahnstraße 8
W-5161 Merzenich

Old English Sheepdog Club
Deutschland e.V.
Präsident und Zuchtbuchstelle
Klaus Dieter Hubert
Triftweg 2
W-3153 Lahstedt 1

Verband für das Deutsche
Hundewesen e.V. (VDH)
Westfalendamm 174
W-4600 Dortmund 1

Österreich
Österreichischer Club für Britische
Hütehunde
Geschäftsstelle: Margit Brenner
Donaufelderstraße 215
A-1222 Wien

Österreichischer Kynologenverband
Johann-Teufel-Gasse 8
A-1080 Wien

Schweiz
Marlies Müller-Mächler
Schwarzackerstraße 42
CH-8887 Mees

Literatur

BANDEL, R.:   Der Hundeaussteller und sein Richter.
BEYERSDORF, P.:   Dein Hund auf Ausstellungen.
BREHM, P.:   Dein Hund im Recht.
DAVIS, A.:   The Old English Sheepdog.
GOULD, J.:   All about the Old English Sheepdog.
KNAUR/RUPERTI: Schöne Hunde.
LEDEBUR, E.:   Heitere Hundekunde.
PALMER, J.:   Die schönsten Rassehunde in Farbe.
RÄBER, H.:   Brevier neuzeitlicher Hundezucht.

Weiterführende Literatur aus dem Verlag Paul Parey, Hamburg und Berlin

BURTZIK, P., 1984:   Erziehung und Ausbildung des Hundes. 3. Auflage.
FIEDELMEIER, L., 1983:   Kauf, Pflege und Fütterung des Hundes. 3. Auflage.
KOBER, U., 1981:   Pareys Hundebuch.
POORTVLIET, R., 1987:   Mein Hundebuch. 2. Auflage.
QUEDNAU, F., 1987:   Rechtskunde für Hundehalter.
SCHMIDTKE, H.-O., 1984:   Gesundheitsfibel für Hunde. 2. Auflage.
WEIDT, H., 1989:   Der Hund, mit dem wir leben: Verhalten und Wesen.